KB140896

깨진 유리창 법칙

사 소 하 지 만   치 명 적 인   비 즈 니 스 의   허 점

깨진 유리창 법칙

마이클 레빈 지음 | 김민주·이영숙 옮김

BROKEN WINDOWS
BROKEN BUSINESS

흐름출판

비즈니스란 돈을 벌기 위한 노동 그 이상이라는 사실,
비즈니스에는 평균 이상의 탁월함이 요구된다는 사실
을 제대로 이해하고 있는 챔피언들에게 이 책을 바친다.
그들이 보여준 남다른 열정은 비즈니스뿐 아니라 다른
모든 분야의 종사자들에게도 많은 영감을 주고 있다.

더러운 화장실이 비즈니스를 망친다

깨진 유리창을 내버려두는 회사는 언제 망할까? 이것은 수수께끼가 아니다. 사업의 성패를 결정짓는 문제다. 이 문제에 주의를 기울이고 올바르게 답할 수 있다면 당신은 경쟁사를 물리치고 선두로 나설 수 있을 것이다. 반면 이 문제를 무시한다면 당신의 사업은 빠른 시간 내에 무너져 내릴 것이다.

범죄학자인 제임스 Q. 윌슨James Q. Wilson과 조지 L. 켈링George L. Kelling은 1982년 3월 《월간 애틀랜틱》에 「깨진 유리창」이라는 제목의 글을 발표했다. 그들의 '깨진 유리창' 이론은 형사행정학 뿐 아니라 경영학 분야에서도 큰 호응을 얻었다.

이 이론은 깨진 유리창처럼 사소한 것들이 사람들에게 중요한 메시지를 전달한다고 강조한다. 건물 주인이 깨진 유리창에 관심을 기울이지 않고 방치하고 있다면, 그는 절도나 문서 훼손, 폭력 등과 같은 강력범죄에 대한 대비 역시 미비할 것이다. 지나가는 사람들은 깨진 유리창을 보며 건물 주인과 주민들이 이 건물을 포기했으며, 이곳은 무법천지라는 '인식'을 하게 된다. 깨진 유리창이 전하는 메시지는 이런 것이다.

아무도 관심을 갖지 않는다. 당신 마음대로 해도 좋다!

이것이 깨진 유리창 이론의 핵심이다.

깨진 유리창 이론이 발표되고 수년 후 월슨을 만났을 때 그는 내게 이렇게 설명했다.

"사람들은 무질서를 두려워한다. 따라서 경찰은 조금이라도 무질서한 기미가 보이면 심각한 범죄로 발전하지 않도록 주의 깊게 살펴야 할 책임이 있다."

하지만 사소한 범죄에 주의를 기울이다 보면 심각한 범죄에 소홀해질 수 있다는 이유로 이 이론에 회의적인 시선을 보내는 사람들도 있었다.

1994년에 뉴욕 시장으로 선출된 루돌프 줄리아니Rudolph Giuliani가 맨해튼을 보다 '가족적인' 도시로 만들기 위해 지하철의 낙서와 타임스 스퀘어의 성 매매를 근절시키겠다고 선언했을 때도 반대하는 사람들이 많았다. 그들은 뉴욕 검찰청 출신의 경험 많은 '법과 질서'의 수호자 줄리아니가 강력범죄와 싸울 자신이 없어 경범죄를 선택했다고 비웃었다.

그러나 줄리아니 시장과 윌리엄 브래턴 신임 검찰국장은 범죄자들과 뉴욕 시민들에게 어떤 범죄도 '절대 불허Zero Tolerance'하겠다는 메시지를 분명히 전달할 수 있다면 보다 안전하고 깨끗한 도시를 만들 수 있으리라고 굳게 믿었다. 그리고 몇 년 후, 그들은 통계 수치를 통해 살인, 폭행, 강도 같은 강력범죄가 급감한 사실을 확인할 수 있었다.

"그 일이 내 비즈니스와 무슨 상관인가? 그것은 범죄자들 이야기이다."

아마도 당신은 이렇게 말하고 싶어할지도 모른다. 그러나 분명 비즈니스 세계에도 깨진 유리창 이론을 적용할 수 있다. 깨진 유리창을 찾는 데 시간을 투자하고 이를 인정할 용기를 가진 기업과 그렇지 못한 기업 사이에 일어난 확연한 차이가 있다.

유리창이 깨지는 순간 고객은 등을 돌린다

만약 버거킹 화장실에 갔는데 휴지가 없다면, 당신은 버거킹 직원들이 고객의 욕구에 관심을 기울이지 않는다고 생각할 수 있다. 어쩌면 위생에도 신경을 쓰지 않아 음식에 세균이 득실거리는 것은 아닌지 우려하게 될 수도 있다. 나아가 전국의 모든 버거킹 매장이 다 마찬가지라고 결론지을 수도 있다. 이는 고객의 단순한 상상이 아니라 논리적인 사고 과정이다.

이처럼 도시의 범죄 문제를 설명하는 깨진 유리창 이론은 비즈니스 세계에도 적용할 수 있다. 고객이 기업에 대해 어떤 인식을 가지고 있느냐는 매우 중요한 문제이다. 나태하고 무심하게 운영되고 있다는 인상을 주는 기업들은 쌓여가는 고객의 불만으로 인해 경영상 어려움을 겪게 될 것이다. 때로는 만회하기 힘든 큰 손실을 입을 수도 있다.

이 책은 비즈니스 세계의 깨진 유리창 이론에 대한 설명이다. 깨진 유리창 문제는 어떻게 그리고 왜 발생하는지, 기업들은 왜 깨진 유리창을 무시하게 되고 그 결과는 무엇인지, 깨진 유리창을 신속히 수리하는 기업은 다른 기업과 어떻게 다른지를 구체적인 사례 제시를 통해 다룬다. 기업에 문제가 발생하는 과정과 그로 인한 장기적인 영향, 문제를 양산하는 기업문화에 대해서도 설명한다.

비즈니스 세계에서는 작은 차이가 큰 결과로 나타난다. 패스트 푸드점에서 더러운 소스 선반을 보았다면, 당신은 위생에 신경을 쓰지 않는 식당에서 만든 음식을 더 이상 먹고 싶어하지 않을 것이다. 옷 가게에서 불친절한 직원 한 명을 보았다면, 그 가게의 직원교육이 전반적으로 부족하다고 결론지을 수 있다. 주유소 직원이 무례한 문구가 적힌 티셔츠를 입은 것을 보았다면, 오랫동안 이용해 왔던 정유회사를 바꿔버릴 수도 있다.

고객은 깨진 유리창에 주의를 기울이지 않고 방치하는 기업을 앉아서 비난만 해서는 안 된다. 나의 소중한 돈을 지불하는 기업에게 내가 원하는 바를 확실히 주장해야 한다. 또한 기업은 고객의 욕구를 충족시키는 데 최선을 다해야 성공할 수 있다. 영업 실적이 하락했다면, 고객의 소리를 들어봐야만 무엇을 개선해야 할지 알 수 있을 것이다. 그러나 알아두어야 할 점이 있다. 고객은 불만을 쉽게 이야기하지 않는다. 그들이 큰 소리로 항의하지 않는다고 해서, 깨진 유리창에 대해 용서했다는 뜻은 아니다. 기업은 고객이 항의하기 전에 깨진 유리창을 발견하고 수리해야 할 의무가 있다.

깨진 유리창이란 문자 그대로 깨진 유리창을 의미할 수도 있고 다른 문제들을 상징할 수도 있다. 어떤 것이든 유리창이 깨졌다면 최대한 빨리 갈아 끼워야 한다. 그러나 대부분의 경우 깨진 유리창이란 작고 사소해 간과하기 쉬운 문제들이어서 그대로 방치되기 쉽다. 하지만 분명한 건 깨진 유리창은 보다 큰 문제의 일부이거나 심각한 전조라는 점이다.

도매업체든 서비스업체든 또는 기업 고객을 대상으로 하는 비즈니스든, 고객들은 기업이 자신들의 욕구를 예측하고 충족시켜 주기를 바란다. 뿐만 아니라 자신들의 욕구가 충족되었는지를 항상 확인해 주기를 바란다. 따라서 깨진 유리창을 본 고객들은 무심한 기업에 실망하게 되고, 고객에게 의무를 다하지 못할 것이라는 인상을 받게 된다. 또는 기업이 너무 비대하고 거만해져서 이전처럼 고객의 욕구에 관심을 두지 않는다고 생각한다. 이러한 고객들의 인식은 기업을 무너뜨릴 수도 있다.

경영 전략이나 미래 비전을 무시해도 좋다는 말이 아니다. 너무 작아서 놓치기 쉬운 세부사항에 주목하라는 뜻이다. 기업이 저지르는 큰 실수들은 대개 잘 보이지 않는 작은 실수들이 모여 일어난 것이다. 지저분한 계산대, 정리되지 않은 상품들, 체계적이지 못한 메뉴, 불친절한 직원들, 불충분한 고객서비스 정책 모두 깨진 유리창이 될 수 있다. 어떤 중국음식점의 웨이터가 문제아의 대명사인 '빌리 밥Billy Bob'이라는 별명을 갖게 되었다면, 그는 깨진 유리창이다. 만약 자전거 조립에 관한 조언을 받기 위해 고객서비스센터에 전화를 걸었는데 20분 넘게 같은 음악을 반복해서 들었다면, 당신은 그 기업의 깨진 유리창을 본 것이다. 블라우스를 교환하러 갔다가 3일 지났기 때문에 "회사 정책상 안 된다"는 말을 들었을 때도 마찬가지이다.

이렇듯 깨진 유리창은 비즈니스 어디서나 발견된다. 그러나 성공적인 기업일수록 그곳에서는 깨진 유리창을 찾아보기가 힘들다. 이제 선택은 당신에게 달려 있다.

마이클 레빈

차례

깨진 유리창의
숨겨진 힘을 찾아서

인식의 힘이 비즈니스를 어떻게 움직일까

5년간 매일 들른 단골 커피전문점에서 어느 날 문득 페인트칠이 벗겨진 벽을 보고 왜 음식의 위생 상태를 의심하게 되는 걸까? 가정 살림의 최고 권위자 마사 스튜어트는 부당 내부거래 혐의 때문이 아니라 그 논란을 무마시키는 과정에 유죄 판결을 받았다. 그녀는 위법 행위까지 하며 논란을 무마시키려 했다. 왜 그랬을까?

빨간 불에 길 건너는 사람을 막을 수 없다면 강도도 막을 수 없다

1982년 출판 당시, 깨진 유리창 이론은 기존의 형사행정학 이론에 정면으로 도전하는 혁명적이고 독창적인 개념으로 평가되었다. 그러나 한편에서는 이 이론에 조소를 보내기도 했고, 불합리하거나 급진적이라는 평가를 내리기도 했다.

그러나 세계에서 가장 거대한 무대인 뉴욕에서 이 이론이 적용되면서 사정은 달라졌다. 줄리아니 시장과 브래턴 경찰국장은 뉴욕 시내의 깨진 유리창인 낙서, 무임승차, 그리고 허락 없이 차 유리를 닦고 돈을 요구하는 행위 등을 근절하겠다는 결의를 다졌다. 그들은 경찰력을 총동원하는 '범죄와의 전쟁'을 선포했다. 뉴욕에서는 어떤 경범죄도 용납하지 않겠다는 단호한 의지를 보여줌과 동시에, 강력범죄에는 더욱 엄중한 처벌을 받게 될 것이라는 메시지를 확실히 전달했다. 이제 뉴욕에서는 착한 사람들이 주도권을 잡게 되었다.

'법'과 '질서'는 다르다. 법을 수호하려면 각자 법을 어기지 않고 살아가면 된다. 매우 간단하다. 그러나 도시와 국가와 기업의 질서를 유지하기 위해서는 '모든 사람들'이 같은 규칙을 따라야 하며, 각각의 규칙이 똑같은 비중으로 다루어져야 한다. '살인하지 마라'는 규칙과 '빨간 불일 때는 길을 건너지 마라'는 규칙은 함께 언급하기 힘들 만큼 극단적으로 다른 것으로 보여질 수 있다. 그러나 사실은 모두 사회에서 만들어진 규칙이고 법이다. 그러므로 이 중 하나를 어긴 사람은 더 이상 처벌을 두려워하지 않게 되고 다른 하나를 어길 확률이 높아진다. 즉 '빨간 불일 때 길을 건너지 마라'는 규칙을 어긴 사람이 이런 사소한 규칙을 지키는 사람에 비해 '살인하지 마라'는 규칙을 어길 가능성이 높다는 것이다.

규칙이 늘 같을 필요는 없다. 규칙은 장소에 따라 달라질 수 있다. 1970년대에 월슨과 켈링이 뉴저지 주에서 실험적으로 보행순찰 경찰의 수를 늘렸을 때, '켈리'라고 불리는 한 경찰은 담당구역의 불문율을 조심스레 집행했다.

"술을 마시거나 마약을 한 사람은 현관 계단에 앉아 있을 수는 있지만 누워 있을 수는 없다. 길 옆에서는 술을 마실 수 있지만 큰 교차로에서는 마실 수 없다. 술병은 반드시 종이봉지에 싸갖고 다녀야 한다. 버스 정류장에 서 있는 사람들에게 시비를 걸거나 구걸을 하는 행위 역시 엄격히 금지되었다.

켈리는 거리를 배회하는 낯선 사람들에게 직업이 무엇인지, 도움이 필요한지를 물어보았다. 그리고 그들의 대답이 만족스럽지 않을 경우 자신의 방식대로 밀고 나갔다. 비공식적인 규칙을 어긴 사람들, 특히 버스 정류장에서 다른 사람에게 시비를 거는 사람들은 부랑죄로 체포했다. 거리에 소음을 일으키는 십대들에겐 조용히 하라고 명령했다."

윌슨과 켈링은 "이러한 규칙들은 '일반 시민들'의 도움을 얻어 정의되고 집행된다. 다른 지역에서는 다른 규칙을 만들 수 있다. 그 지역에 사는 사람들이 모두 이해하는 그 지역만의 규칙들이 있다"고 설명했다.

켈리의 규칙은 고지식하지도 그렇다고 혁명적이지도 않았다. 그는 알코올중독자나 마약중독자의 존재를 인정했다. 다만 그들이 특정 장소에 머무르도록, 공공장소에서는 특정 행위를 하지 않도록 요구했다. 그리고 모든 규칙이 준수되도록 애썼다.

보다 크고 역동적인 도시, 뉴욕도 마찬가지였다. 줄리아니 시장과 브래턴 경찰국장은 마음대로 차 유리를 닦고, 낙서를 하고, 무임승차를 하는 사람들을 처벌하기로 결정했다. 그들은 용납할 수 있는 것들과 용납하지 못하는 것들이 무엇인지 설명했다. 지하철에 낙서를 하거나 무임승차를 하는 사람들뿐 아니라 모든 뉴욕 시민에게 명확한 메시지를 전달했다.

줄리아니 뉴욕 시장은 2000년 5월 '시장 회의'에서 다음과 같이 말했다.

> "1960년대, 1970년대, 1980년대, 그리고 1990년대 초까지 뉴욕은 추락을 계속하고 있었다. 나는 몰락하는 뉴욕을 썩어가는 사과로 묘사한 1990년의 어느 잡지 표지를 아직도 간직하고 있다. 그때 뉴욕 시민들은 이러한 주장을 사실로 받아들였다. '우리의 위대한 과거는 사라졌다', '다시는 과거로 돌아가지 못하리라'는 패배감이 만연해 있었다."

뉴욕을 과거의 영화가 사라진 이류 도시로 인식하는 시민들이 많아지면서 그것은 사실이 되었다.

그러나 사소한 범죄들을 통제하기 시작하면서 뉴욕은 변화했다. 중요한 것은 삶의 질이 높아졌다는 사실이다. 시민들이 주변 환경에 보다 만족하게 되면서 뉴욕에 진정한 변화가 일어났다. 뉴욕 시민들은 집 밖으로 나와 지역 행사에 참여하고, 지역 경제를

깨진 유리창 법칙

살찌우기 시작했다.

　깨진 유리창 이론은 인식의 절대적인 힘을 주목한다. 사람들이 무엇을 보는가, 그리고 거기에서 어떤 결론을 이끌어내는가가 얼마나 중요한지를 강조한다.

페인트칠이 벗겨진 식당은 음식도 맛이 없다

　그렇다면 깨진 유리창 이론을 비즈니스 세계에 어떻게 접목시킬 수 있을까?

　비즈니스에서는 고객의 인식이야말로 기업의 성패를 결정하는 가장 중요한 요소이다. 한 번의 실수, 한 명의 불친절한 직원, 한 번의 불쾌한 경험 때문에 고객은 당신의 회사에 등을 돌린다.

　나는 할리우드에서 홍보사업을 한 적이 있다. 바바라 스트라이샌드, 찰턴 헤스턴, 데미 무어, 마이클 J. 폭스, 마이클 잭슨 등과 일하면서 나는 인식의 중요성을 절실히 깨닫게 되었다. 인식은 긍정적이든 부정적이든 막강한 영향력을 행사한다. 인식은 언제 어디서나 만들어질 수 있다. 또한 인식은 눈 깜짝할 사이에 만들어진다. 첫인상처럼 빨리 만들어지는 것도 없다. 수년간 알아온 사람이나 기업에 대해서도 작은 계기로 인해 한 순간에 새로운 인식을 할 수 있다. 여론에 따라서도 인식은 달라질 수 있다.

예를 들어 당신이 5년 전부터 아침 출근길에 들르는 커피전문점이 있다고 하자. 당신은 그곳에서 하루도 빠지지 않고 커피와 빵을 사 먹었다. 때로는 점심시간에도 갔다. 직원들이 당신의 이름과 당신이 좋아하는 메뉴를 잘 알고 있을 정도이다. 그러던 어느 날 아침, 주문을 하기 위해 줄을 서 있다가 당신은 몇 년 동안 가게의 페인트칠이 그대로라는 사실을 문득 깨닫는다. 벽을 둘러본다. 여기저기 금이 가 있다.

직원이 커피나 빵을 준비하는 동안 그 위로 페인트 가루가 떨어지진 않았을까? 그러고 보니 금이 간 벽을 쳐다볼 정도로 오랫동안 줄을 서 있었다. 사실 아침마다 줄이 길었다. 전에는 미처 깨닫지 못했던 사실 하나 때문에 당신의 인식은 크게 변한다. 당신은 왜 매일 이 가게에서 아침식사를 해결했는지 회의하게 된다. 물론 회의하지 않을 수도 있다. 커피전문점의 청소 상태, 서비스 정신, 위생 관리, 조리 과정에 대해 생각해 보지 않을 수도 있다. 하지만 하나의 단점을 인식하게 되면 생각은 어떤 방향으로든 뻗어나갈 수 있다.

커피전문점 주인은 고객이 자신의 가게를 계속 방문해 주기를 바랄 것이다. 만약 그가 깨진 유리창에 조금만 더 관심을 가졌더라면 고객의 실망을 막을 수 있었을 것이다. 고객을 유인하고 유지하기 위해서는 '긍정적 인식'을 불러일으켜야 한다. '부정적 인식'을 불러일으키지 않는 일 역시 중요하다. 깨진 유리창은 갈아 끼우는 것 외에는 해결책이 없다.

이 순간부터 당신의 고객, 직원, 대중들이 어떻게 사물을 '보는지' 고민하라. '현실'과 함께 '인식'을 고려하라. 의심 많은 고객들에게는 당신의 전문적인 세척 기술, 음식을 위생적으로 보관하는 특허 기술, 계산대 줄을 짧게 만드는 아이디어를 아무리 설명해도 소용이 없다. 게다가 유감스럽게도 대부분의 고객은 상점에서 잘못된 점을 발견해도 주인에게 잘 말하지 않는다. 그들이 자신의 우려사항을 털어놓지 않는 한 당신은 문제가 무엇인지 알아차리지 못할 것이고, 우려하는 바가 해소되지 못한 그들은 다른 상점을 찾아갈 것이다.

정치인은 왜
이미지 관리에 신경 쓰는가

깨진 유리창이 언제나 명확하게 보이는 것은 아니다. 앞서 말한 커피전문점 주인은 점포를 지저분하게 관리했다. 그는 페인트칠이 벗겨진 벽 때문에 비즈니스 전체가 무너져 내릴 수 있다는 사실을 인식하지 못했다. 페인트칠을 내년으로 미룬다면 당장은 경비가 들지 않는다. 게다가 현재로서는 불평하는 고객이 없다. 매출도 줄어들지 않고 있다. 하지만 이 커피전문점은 이미 삐걱대고 있으며 지금 당장 기름칠이 필요하다.

불행히도 안일한 주인은 희미하게 울리는 경고의 종소리를 듣지 못했다. 고객들은 문제를 인식하기 시작했지만 정작 주인은 인식하지 못했다. 이는 스스로 자신의 가게 안으로 화염병을 던지는 것과 같은 행동이다. 아마도 이 가게는 곧 문을 닫게 될 것이다.

비즈니스를 운영하면서 작은 부분까지 신경을 쓰지 않는다면 힘들여 얻은 고객의 충성심을 놓치게 된다. 고객들은 작은 부분까지 세심하게 신경 쓰는 경쟁사로 몰려갈 것이다. 당신이 힘들어 쌓아올린 성에 아무리 희미한 것이라도 금이 가기 시작했다면 긴장해야 한다. 이미 밖으로 드러났다는 것 자체가 분명한 문제이다. 기업은 단 하나의 깨진 유리창에도 무너질 수 있다.

'살림의 여왕' 마사 스튜어트Martha Stewart의 경우를 보자. 그녀는 부당 내부거래, 사기, 공공신탁 조작 혐의를 받았지만 유죄 판결을 받지는 않았다. 정작 유죄 판결을 받은 부분은 혐의에 대한 논란을 무마시키려 했던 불법 행위였다. 왜 그녀는 혐의에 대한 논란을 무마시키려 했을까? 그녀는 자기 자신과 자신의 회사가 비도덕적이라는 사회적 인식이 형성될까봐 두려웠던 것이다. 그녀는 작은 것에도 주의를 기울였다. 하지만 너무 늦은 행동이었다. 자신의 깨진 유리창을 숨기기 위해 다른 사람들의 유리창을 모두 깨뜨릴 수는 없는 일이다.

많은 정치인들이 그들의 불법적이고 비양심적인 행위 자체가 아니라 혐의를 둘러싼 유권자들의 인식을 억누르려는 노력 때문에 지지를 잃었다. 정치 스캔들을 무마하려다 물러난 관료들은 또 얼마나 많은가.

유리창이 깨지기 전에 문제를 해결한다면 가장 바람직할 것이다. 문제가 밖으로 드러나기 전에 이것들을 해결해 다른 사람들이 인식조차 못하게 할 수 있다면 좋을 것이다. 그러나 미처 방지하지 못했다면 유리창에 약간의 균열이라도 발견되는 즉시 완벽하게 수리해야 한다. 임시방편으로 테이프만 붙여둔다면 오히려 균열이 있었다는 사실을 부각시키기만 한다. 깨진 유리창을 방치한 것과 같은 결과를 야기할 수도 있다.

비즈니스에서 과연 깨진 유리창이란 무엇인가? 빛바랜 페인트처럼 물리적인 것들은 비교적 찾아내기 쉽다. 그러나 기업의 정책에 따르지 않거나 고객에게 부적절한 행동을 하는 현장 직원들을 찾아내기란 쉽지 않다. 어떻게 본사 경영진이 3만 개가 넘는 계산대에 서 있는 직원을 일일이 감독할 수 있겠는가?

그러나 세계 최대의 패스트푸드 체인도 깨진 유리창 때문에 무너져 내린다는 사실을 기억하라. 절대로 무너지지 않을 것 같았던 맥도날드의 경우를 생각해 보자. 지금 이 순간에도 깨진 유리창이 당신과 당신의 회사를 위협하고 있다.

깨진 유리창 Lesson 부정적인 인식을 막아라

- 고객의 인식에 따라 고객의 충성도는 달라진다. 작은 실수 하나만으로도 기업에 대한 인식은 부정적으로 변할 수 있다.
- 작은 차이가 큰 결과를 낳는다. 환자들은 병원의 낡은 카펫을 보고 의료기구 역시 구식일 것이라고 추측해 버린다.
- 깨진 유리창을 없애는 최선의 방법은 깨지지 않도록 예방하는 것이다.
- 깨진 유리창에 대해 부인하거나 변명하지 마라. 문제를 인정하고 문제와 부딪쳐라. 그리고 극복하라.

강자도
쓰러질 수 있다

깨진 유리창은 감춰지지 않는다

재정 위기에서 벗어나기 위해 시어스와 합병할 수밖에 없었던 K마트. 미국 최고의 거대 항공사였던 아메리칸 에어라인스의 파산 위기. 세계 최대의 기업으로 굳건히 자리 잡으며 고공 행진을 하고 있는 월마트. 충성스러운 고객 확보에 성공한 제트블루. 이들의 운명을 좌우했던 차이는 무엇이었을까?

K마트에 가면
왜 짜증이 날까

1980년대와 1990년대, K마트 로고는 미국 어디서나 눈에 띄었다. 어느 고속도로, 어떤 쇼핑센터에 가든지 K마트가 있었다. 1994년 미국의 K마트 매장은 2,323개에 달했다. 따라서 2002년, 창립 40주년을 맞는 K마트가 법정관리를 요청하며 푸에르토리코에 있는 50개의 매장을 폐쇄하는 구조조정을 감행하기로 결정했을 때 미국인들은 충격에 휩싸이지 않을 수 없었다. 정말 믿기 어려운 일이었다.

국제경영 컨설턴트이자 연설가인 존 숄John Tschohl은 "K마트 몰락의 직접적인 원인은 고객서비스의 부재와 방만한 경영에 있었다. 광고와 매장 수리 비용의 10분의 1만이라도 직원교육에 투자했다면 월마트와 같은 고공 행진을 계속할 수 있었을 것이다"라고 말했다.

불충분한 고객서비스야말로 가장 치명적인 깨진 유리창이다. 고객들은 바로 눈치를 채고 경쟁사로 발길을 돌린다. 그리고 다시는 돌아오지 않는다. 서비스에서 문제를 발견한 고객은 기업이 고객을 돌보지 않을 뿐만 아니라 경영에 무관심하며 다른 부분에서도 문제가 많을 거라고 추측하게 된다. 이러한 인식은 어떤 요인보다 빠르고 광범위하게 기업에 타격을 입힌다.

S. S. 크레스지S. S. Kresge 체인점에서 시작한 K마트는 1962년에 첫 번째 매장을 오픈했다. 같은 해 샘 월튼Sam Walton 역시 첫 번째 월마트 매장의 문을 열었다. 그러나 K마트는 재정 위기에서 벗어나기 위해 시어스Sears와 합병을 해야만 했다. 2002년 1월 1일부터 2003년 5월까지 모두 600개 매장의 문을 닫아야 했고, 6만 7,000명의 직원을 해고했으며, 법정관리까지 받아야 했다. 2002년에만 32억 2,000만 달러(약 3조 6,500억 원)의 적자를 보았으며 기업 규모를 33%나 축소해야 했다. 반면 월마트는 세계 최대의 기업으로 굳건히 자리를 잡았다. 어디서부터 이런 차이가 벌어진 것일까? 어떻게 정반대의 결과가 나온 것일까?

2002년 1월 조지 챔벌린George Chamberlin은 샌디에이고 지방지 《노스 카운티 타임스》에 다음과 같은 글을 기고했다.

5년 전에는 K마트가 보다 유리한 고지에 있었다. 베이비 부머들이 열광하는 침구 브랜드 마사 스튜어트와 독점판매 계약을 체결했고, 매주 일요일이면 신문 광고지에 슈퍼모델 캐시 아일랜드와 재클린 스미스의 얼굴을 실었다.

반면 월마트는 전혀 다른 전략을 사용했다. 월마트는 돈을 절약할 수 있는 곳이라는 기업 이미지를 만들기 위해 애썼다. 선전 역시 특정 제품 광고보다는 기업 이미지 홍보에 초점을 맞추었다. 또한 식료품을 적극적으로 판매해 오늘날 미국 최대의 마트로 성장할 수 있었다.

챔벌린은 월마트 매장이 유동인구가 많고 쇼핑하기 편리한 장소에 위치하고 있다는 사실도 지적했다.

반면 K마트는 임대료를 절약하는 데 중점을 두었다. K마트는 대기업에서 나타나기 쉬운 깨진 유리창의 전형적인 예를 보여준다. 바로 '오만'이라는 잘못이다. 대기업은 자신이 너무나 성공적이고, 거대하고, 견고해서 중소기업들과는 달리 고객으로부터 깨진 유리창을 검사조차 받지 않을 것이라고 믿는다. 그러나 세계적으로 유명한 대기업들이 그들의 오만함 때문에 결국 고통을 받게 되었다. 이런 기업들에서는 CEO부터 건물관리인에 이르기까지 '우리처럼 훌륭한 회사는 없으며 그 무엇도 우리를 추락시키지 못한다'는 생각이 만연해 있다.

K마트의 오만은 성의 없는 고객서비스, 불성실한 최저가격보장 정책, 이름뿐인 고객중심 정책 등에서 어김없이 드러났다.

오만한 경영자의
최후

K마트의 문제는 타깃Target과 월마트에게 선두를 빼앗기기 훨씬 전부터 시작되고 있었다. 기업에 대한 인식이 진실보다 중요할 수 있다는 사실을 명심하라. 고객들이 믿지 않는 진실은 아무 소용없다.

얼마나 많은 이들이 프록터 앤 갬블Procter & Gamble의 제품 일부에 부착된 심볼 하나가 악마 종교 집단의 심볼과 관련 있다는 근거 없는 소문을 믿었는지 생각해 보라. 물론 진실이 아니었지만 대중의 생각을 바꾸는 일은 너무나도 어려웠다. 프록터 앤 갬블은 적극적이고 체계적인 홍보로 잘못된 인식을 바꾸는 데 성공했지만 그 비용과 시간은 엄청났다. 사실 아직까지도 이 근거 없는 소문을 없애기 위한 노력이 계속되고 있다.

K마트의 문제는 가장 기본적인 것이었다. 질 좋은 제품을 가장 저렴한 가격에 제공하겠다는 고객과의 약속을 지키지 않았던 것

이다. K마트는 초창기에 광범위한 품목에 대한 가격할인 정책을 통해 '우리는 당신이 원하는 것을 가지고 있다. 그리고 그것을 가장 저렴한 가격에 제공하고 있다'는 메시지를 전했다. 그러나 K마트는 특별할인 제도인 블루 라이트 스페셜을 폐지했다.

오만한 경영진은 이 할인 제도가 대기업 K마트를 싸구려 물건이나 파는 구멍가게처럼 만든다고 불만스러워했다. 그들은 블루 라이트 스페셜이 코미디 소재로 쓰이는 것을 못 견뎌했다. 고객들이 자신들을 좀더 우러러보기를 바랐다. 그러나 결과는 정반대였다. K마트는 고객들의 신뢰를 잃었고 그로 인한 손실은 기업을 무너뜨리기에 충분한 것이었다.

분명 K마트는 고객의 소리에 귀 기울이지 않았다. "우리가 K마트를 찾는 건 백화점을 방문하는 이유와는 다르다"라는 고객의 욕구를 무시하지 않았더라면 K마트는 계속 성공 가도를 달렸을 것이다. 고객서비스에 초점을 맞추었다면 문제가 발생하는 순간 바로 알아차리고 시정할 수 있었을 것이다. K마트는 고객이 비즈니스를 살릴 수도 죽일 수도 있다는 사실을 기억했어야 했다.

아무리 좋은 마케팅 계획과 할인 제도가 있다 해도 고객서비스가 없으면 소용이 없다. 고객은 기업에게 최상의 서비스를 받고 싶어한다. 이를 실천하지 못한다면 어떤 기업도 성공할 수 없다.

고객을 만족시켜라.
처음에도, 맨 나중에도, 그리고 항상!

- 루치아노 베네통 Luciano Benetton, 베네통 회장

마이크로소프트와
애플의 차이

아메리칸 에어라인스American Airlines는 미국 최대의 항공사였으나 2003년 파산 위기를 맞았다. 마지막 순간에 노조가 양보하지 않았다면 법정관리를 받아야만 했을 것이다. 반면 설립 당시부터 고객서비스에 중점을 두었던 제트블루JetBlue는 고공 행진을 하고 있다. 또한 완벽한 고객서비스를 제공하는 고급 백화점 노드스트롬Nordstrom에는 풀타임 피아니스트가 있다. 스포츠웨어 제조회사인 L. L. 빈L. L. Bean 역시 고객의 불만을 끝까지 해결하기 위해 애쓰는 곳이다.

애플 컴퓨터의 시장점유율은 4~5%밖에 되지 않는다. 마이크로소프트가 세계 PC시장을 장악했기 때문에 대부분의 PC에서 애플 프로그램은 실행되지 않는다. 그러나 애플 사용자들은 결코 불평하지 않는다. 언론에서는 그들을 '광신도'라고 부를 정도이다.

사실 많은 컴퓨터 이용자들이 마이크로소프트의 독점을 싫어한다. 특히 그들의 배타적인 고객서비스를 마음에 들어하지 않으면서도 윈도우 프로그램을 이용한다. 과연 이것이 고객서비스가 좋지 않아도 성공할 수 있다는 예일까? 깨진 유리창이 별로 중요하지 않다는 이야기일까?

결코 그렇지 않다. 마이크로소프트는 다른 기업의 제품을 사용하는 이들에게는 배타적이지만 자기 고객들에게는 약속한 대로 질 좋은 제품을 제공하고 있다. 그들은 소수의 고객 집단까지 유치하기 위해 기업의 힘을 빼고 있지 않을 뿐이다. 한편 애플은 틈새시장을 노리며 소수의 고객을 타깃으로 한다. 그들의 타깃은 돈을 더 지불하더라도 보다 세련된 시스템과 고객서비스를 받고 싶어하는 고객들이다. 그 결과 애플은 가장 충성스러운 고객(광신도)을 얻을 수 있었다.

보통 기업이 성공하게 되면 기존의 충성스러운 고객에게 다양한 서비스를 제공하기보다는 새로운 고객을 찾는 데 관심을 쏟게 되고 현재 고객들에게 소홀해지기 마련이다.

하지만 불충분한 고객서비스가 기업의 비현실적인 자기 평가(오만)와 결합할 경우 고객들이 먼저 눈치를 챈다. 그렇기 때문에 아무리 거대한 기업이라도 쉽게 무너질 수 있다는 사실을 잊어서는 안 된다. 뒤늦게나마 이 사실을 깨달은 K마트는 투명 테이프를 붙여 깨진 유리창을 감추려 했지만 고객의 눈에는 여전히 깨진 유리창일 뿐이었다.

깨진 유리창 Lesson · 고객서비스에 대한 오만을 버려라

- 스스로를 거대하고 강력하다고 생각하며, 고객서비스를 고민하지 않는 기업은 당장 변화해야 한다. 그렇지 않으면 오만이라는 깨진 유리창 때문에 자멸할 것이다.

- 영업 실적이 떨어지고 비즈니스가 전만 같지 못할 때 고객을 탓해봐야 아무 소용없다. 그렇다면 그동안 잘못된 고객이 당신의 제품이나 서비스를 구매했었다는 말인가? 이는 어리석은 생각이다. 고객에게 최상의 경험을 제공하기 위해 애써라.

- 당신이 고객보다 똑똑하고 세련됐다는 생각을 버려라. 당신의 비즈니스에 대해 고객에게 설명하려 하지 말고, 고객이 당신에게 설명하는 말에 귀를 기울여라.

- 테이프를 붙여놓는다고 깨진 유리창이 수리되는 것은 아니다. 깨진 유리창은 숨긴다고 해서 해결될 문제가 아니다. 깨진 유리창을 빠르게, 그리고 제대로 수리하라.

고객의 기대와
현실의 차이

고객서비스는 100점 아니면 0점만 존재한다

기업은 고객이 기대한 바를 충족하면 만족할 거라고 생각한다. 하지만 그
것만으로 끝나지는 않는다. 그 정도로 일하는 기업은 무수하게 널려 있다.
그렇다면 기업은 고객이 원하는 것 이상을 충족시켜야 할까? 당연하다. 고
객은 자신이 요구하는 것이 언제나 정당하다고 생각하기 때문이다. 이것은
가장 기초적이고 단순한 비즈니스 규칙이다.

깨진 유리창 법칙

고객의 기대가
지나치다고?

극장에 가면서 무료로 책 한 권을 얻어오리라 기대한 적이 있는가? 2004년 4월 미국 동부의 로우스Loews 극장을 방문한 관람객들은 베스트셀러 작가 할란 코벤의 책 두 권에서 몇 장을 발췌해 만든, 아름다운 표지로 훌륭하게 제본된 홍보용 책자를 받을 수 있었다. 비록 홍보 책자였지만 전단지나 쿠폰처럼 쉽게 던져버릴 수 없는 멋진 책이었다. 많은 사람들이 그 책을 가져가 읽게 되었고, 아마도 그들 중 일부는 25달러(약 2만 8,000원)를 주고 원본 중 한 권을 사 읽었을 것이다. 그리고 그들 모두가 영화를 보러 갔다가 작은 선물을 받아왔다는 사실을 오랫동안 기억할 것이다.

당신의 회사를 방문할 때 고객은 어떤 기대를 하게 된다. 당신의 회사 성격에 따라 품질 좋은 상품이나 훌륭한 서비스 혹은 뛰어난 불만 처리 능력 등을 기대할 것이다. 그 기대가 충족되면 고객은 만족한다. 적어도 화를 내지는 않는다. 그러나 기대가 충족되지 않거나 직원들이 무능력하거나 불친절하다면, 고객은 당신의 회사에 대해 부정적인 인상을 갖고 떠나 다시는 돌아오지 않을 것이다.

지금 당신 회사의 직원들은 다른 회사 직원들보다 친절하고 고객을 소중하게 여기는 법을 알고 있을 수도 있다. 하지만 고객의 기대에 부응하는 것만으로 할 일을 다했다고 생각해서는 안 된다. 그 이상을 충족시켜야 한다. 이는 가장 기초적이고 단순한 비즈니스 규칙이다. 오늘날 대부분의 기업은 기대를 초과하기는커녕 기대에 부응하는 데 연연해하고 있다.

시티 내셔널 은행City National Bank의 엔터테인먼트 서비스 부사장인 스티브 샤피로Steve Sharpiro는 "우리는 고객의 기대 이상을 충족시키고자 한다. 고객과의 관계에서 약간의 잘못이 있어도 나는 참을 수가 없다. 조금의 잘못도 용납할 수 없다"고 자신 있게 말한다.

물론 고객이 항상 옳지 않을 수도 있다. 그러나 고객은 항상 자신이 옳다고 생각하기 때문에 고객이 원하는 것을 제공하기 위해서는 그들의 기대를 초과해야 한다.

어떤 매장에 갔을 때 직원들이 환한 미소로 당신을 맞이한 적이 있었는가? 예전에 비해 많이 좋아졌지만 여전히 짜증을 누르며 억지로 "도와드릴까요?"라고 말하는 직원을 보면 솔직히 "됐습니다. 혼자 알아볼게요"라고 말하고 싶어진다. "안녕하세요?" "감사합니다" "부탁드립니다" "천만에요" 같은 말은 깨진 유리창을 예방하기 위해 반드시 필요하다. 그러나 현실에서는 이러한 말을 듣기는커녕 오히려 "손님, 미안합니다"라는 말을 요구하고 싶을 때가 한두 번이 아니다.

항상 "부탁드립니다"와 "감사합니다"라고 말하도록, 그리고 잘못에 대해 책임을 지고 사과하도록 직원들을 훈련해야 한다. 직원들이 사소한 말 한마디에 조금만 신경써도 고객이 기대하는 이상의 친절하고 실질적인 서비스를 제공할 수 있다. 경쟁사보다 잘하기 위해 지금보다 더 노력해야 한다.

초시계를 준비하고 대기업에 전화를 걸어보라. "1번을 누르세요, 2번을 누르세요, 3번을 누르세요"라는 녹음된 목소리를 얼마나 들어야 살아 숨쉬는 진짜 인간의 목소리를 들을 수 있는지 시간을 재보라. 케니 지의 색소폰 소리 중간 중간에 "우리 회사에서는 고객님의 전화를 소중히 여깁니다"라는 소리만 반복된다. 결국 말 한마디 듣지 못한 채 10분 넘게 전화를 들고 있거나 "나중에 다시 걸어주세요"라는 소리만 듣게 된다. 2000년 대통령 선거전 당시 랄프 네이더Ralph Nader는 사무실에서 늦게까지 일할 때 클래식 음악을 듣고 싶다면 유나이티드 에어라인에 전화를 걸면 된다고 말했었다. 분명 〈랩소디 인 블루〉를 한참 즐길 수 있을 것이다.

어렵게 상담원과 연결이 된다 해도 문제는 해결되지 않는다. "회사의 원칙상 어쩔 수 없다"라는 말만 되풀이하는 경우가 허다하다. 조금 더 융통성 있는 상담원을 만나더라도 우선 그들이 훈련받으며 외웠던 고객중심의 기업정신에 대한 장황한 설명을 들어주어야만 한다. 단조로운 목소리로 고객을 향한 기업의 사명감에 대한 글을 읽고 있는 상담원과 통화를 하다 보면, 화가 풀어지기보다는 솟구치게 된다.

어찌됐건 상담원들이 문제를 해결해 줄 수만 있다면 이 모든 것을 참아줄 수도 있다. 하지만 대부분의 경우 상담원은 문제를 해결할 권한이 없다. 게다가 진심으로 "죄송합니다"라고 말할 줄도 모른다. 고객 스스로 문제를 해결하는 데 필요한 약간의 정보를 기계적으로 말해줄 뿐이다. 문제의 원인에 대해 관심을 기울이지도 않는다. 그들의 메시지는 이렇게 해석할 수밖에 없다.

우리에게 전화하지 마라. 우리도 당신에게 전화하지 않을 것이다!

이는 분명 잘못된 것이다. 당신이 고객에게 A, B, C를 약속했는

데 A와 B만 제공한다면 고객은 당연히 실망한다. 그러나 A만 약속했는데 A와 B를 제공한다면 고객은 기대 이상의 서비스에 기뻐한다.

깨진 유리창을 발견하자마자 수리하는 일은 어떤 면에선 그리 어렵지 않다. 깨진 유리창을 발견하고, 진단하고, 수리 계획을 세우면 된다. 수리 과정이 어려울 수는 있어도 불가능하지는 않다. 동기와 노력만 충분하다면 얼마든지 깨진 유리창을 수리할 수 있다. 그러나 정말 어려운 일은 깨진 유리창을 예방하는 것이다. 수리보다 예방이 어려운 일이긴 하지만 보다 큰 보상을 기업에게 가져다주는 일이기도 하다. 깨진 유리창을 예방한다면, 즉 문제를 사전에 방지한다면 깨끗하고 친근한 기업 이미지를 심어줄 수 있다.

그렇다면 깨진 유리창은 어떻게 예방할 수 있을까? 당신의 회사 운영을 분석하고 고객이 기대하는 바가 무엇인지 알아보라. 그리고 그 이상을 제공하라. 그것이 비즈니스에서 성공할 수 있는 길이다.

고객과 관계가 좋지 않거나 나빠지고 있다는 것을

분명히 보여주는 것 중의 하나는

불평이 전혀 없다는 것이다.

- 시어도어 레빗Theodore Levitt, 하버드대학교 경영대학원 교수

최고의 직원을
만들어라

군대에서는 '의무를 넘어선 뛰어난 군인정신'을 발휘한 사람에게 훈장과 표창(때로는 진급)을 수여한다. 비즈니스에서도 마찬가지여야 한다. 직원들이 기준보다 높은 수준의 업무를 수행할 때 보상받을 수 있다는 사실을 알게 해야 한다. 그들이 서비스와 업무 수행 능력을 향상시킬 수 있도록 격려하는 한편 공평하게 상벌을 적용해야 한다. 항상 같은 자세로 노력하는 직원에게는 근무 연한에 상관없이 진급시킬 필요가 있다.

깨진 유리창은 무관심 속에서 발생한다. 그러므로 직원들이 자기 업무 외의 일에도 관심을 가질 수 있도록 배려하는 제도가 필요하다.

만약 데어리 퀸Dairy Queen의 계산대 직원이 주문을 받고 아이스크림을 제공하는 일을 완벽하게 해낼 뿐 아니라 매장 내 시들어가는 꽃을 눈여겨보며 바닐라 아이스크림은 늘 재고가 남고 초콜릿 아이스크림은 늘 부족하다는 사실까지 인식한다면, 그는 '더 멀리 더 높이' 바라볼 줄 아는 직원이다. 직원들끼리 서로를 감시하고 보고하도록 하라는 게 아니다. 동료 직원의 태만을 고자질하도록 만들라는 게 아니다. 이는 직원을 징벌하기 위한 것이 아니라 회사에 기여하는 직원을 칭찬하기 위한 것이다. 이 계산대 직원은 현장에서 고객의 취향을 파악한 후 아이스크림 주문 담당자의 업무 향상에 도움을 주고 있는 것이다.

직원들에게 사려 깊고 예의 바르게 행동하도록 정책적으로 요구해야 한다. 고객의 문제를 자신의 문제처럼 생각하고, 단골 고객의 얼굴과 취향을 기억하고, 새로운 고객을 반갑고 친절하게 맞이할 줄 아는 직원, 더 멀리 더 높이 행동하는 직원을 만들어라. 모든 직원에게 이처럼 행동하도록 요구하라. 개인적인 자발성이 부족하다면 회사의 정책 때문에 이처럼 행동하지 않을 수 없도록 하라. 그들이 업무 수행 기준 이상으로 일하기 위해 고민하도록 동기부여를 하라.

당신의 회사는 어떤가? 당신의 직급에 상관없이 경영자 입장에서 스스로에게 다음 질문들을 해보면 도움이 될 것이다.

1. 경영자로서(아니면 당신 회사의 경영자는) 고객이 기대하는 바를 몇 퍼센트나 충족시키고 있는가?
2. 모든 직원이 고객이 기대하는 바를 충족시키고 있는가? 고객과 직접 대면하지 않는 직원들까지 그러한가?
3. 경영자로서(아니면 당신 회사의 경영자는) 고객의 기대를 초과할 수 있는 방법을 알고 있는가?

4. '보다 멀리 보다 높이' 정책을 실행하면서도 수익을 늘리는 방법은 무엇인가?

5. 직원들은 고객의 기대를 초과하도록 동기를 부여받고 있는가? 당신은 직원들 혹은 동료들을 격려해 주고 있는가?

6. 고객서비스 분야에서 최고가 되려면 당장 무엇을 해야 하는가?

아직도 이 질문들에 대한 답을 찾지 못했다면 다음의 모범 답안을 참고하라.

► **경영자로서(아니면 당신 회사의 경영자는) 고객이 기대하는 바를 몇 퍼센트나 충족시키고 있는가?**

당신의 회사와 접촉하는 모든 고객을 존경과 예의로 대하고, 지적인 대화 상대로 여겨야 한다. 가능한 한 신속하고 구체적인 서비스를 제공하고, 고객이 옳든 그르든 항상 그들의 입장에서 생각해야 한다. 고객의 문제가 해결될 때까지 그 문제를 자신의 문제처럼 여겨야 한다.

► 모든 직원이 고객이 기대하는 바를 충족시키고 있는가? 고객과 직접 대면하지 않는 직원들까지 그러한가?

이 문제의 답을 얻기 위해 암행어사 고객을 파견할 수 있다. 암행어사 고객에게 고객서비스 전반에 대해 상세히 평가해 보고하도록 한다. 직원들의 평상시 모습을 그대로 보려면 암행어사 고객의 신분이 노출되지 않도록 주의해야 한다. 현재 제공되는 고객서비스를 정확히 알아야 깨진 유리창을 수리할 수 있다.

가장 심각한 깨진 유리창은 사람인 경우가 많다. 당신의 비즈니스 목표를 이해하지 못하는 직원들, 회사 정책을 따르지 않는 직원들, 일반적인 기준 이상을 추구하지 않는 직원들은 공격적이고 진보적인 기업에 맞지 않다. 그들이 기업을 침몰시키기 전에 하선을 명하라.

► 경영자로서(아니면 당신 회사의 경영자는) 고객의 기대를 초과할 수 있는 방법을 알고 있는가?

고객이 최대한 만족스러운 서비스를 받을 수 있도록 당신이 할 수 있는 모든 일을 하라. 그렇지 않다면 최선을 다했다고 말할 수 없다. 그러나 고객을 위해 할 수 있는 모든 일을 하는 기업은 그리 많지 않다. 경쟁사나 관련 기업에서는 하지 않는 일 중에서 당신이 고객을 위해 할 수 있는 일이 무엇인지 생각해 보라. 고객에게 혜택을 줄 수 있다면 당장 실천하라. 그러면 고객의 마음을 얻을 것이다.

► '보다 멀리 보다 높이' 정책을 실행하면서도 수익을 늘리는 방법은 무엇인가?

대부분의 경우, 직원들이 제대로 업무를 수행하는 데는 추가적인 비용이 들지 않는다. 모든 직원이 미소를 짓는 데 얼마의 비용이 더 드는가? 모든 직원이 당면한 문제에 책임감을 느끼는 데는 얼마의 비용이 더 드는가? 아무리 최저 임금을 받는 직원이라 해도 웃지 않는다면 자신의 의무를 다하지 못하고 있는 것이다.

► 직원들은 고객의 기대를 초과하도록 동기를 부여받고 있는가?
당신은 직원들 혹은 동료들을 격려해 주고 있는가?

직원들의 동기부여는 매우 중요한 사안이다. 직원들이 제대로 일할 경우 보상을 받을 수 있는가? 직원들이 별도의 노력을 더할 경우 인정을 받는가?('이 달의 직원상' 같은 방법만 있는 것은 아니다. 다양한 방법을 찾아보자.)

직원들이 사업 계획과 상부 명령을 잘 이해하고 있는지 확인하라. 임원부터 청소 직원까지 모두를 직접 접촉해 보라. 직원들이 고객의 기대를 초과할 때 어떠한 혜택을 받을 수 있으며, 상부에서 왜 그러한 행동을 요구하는지 충분히 이해하도록 만들어라.

▶ 고객서비스 분야에서 최고가 되려면 당장 무엇을 해야 하는가?

스스로 모범이 되어라. 당신이 작은 회사를 경영하고 있다면 고객을 직접 만날 기회가 종종 있을 것이다. 이때 보다 멀리 보다 높게 행동해 직원들에게 모범이 되어야 한다. 만약 대기업을 경영하고 있다면 고객을 직접 만날 기회가 없을지도 모른다. 그렇다면 당신을 대신할 암행어사 고객을 채용해 매장과 고객서비스실을 정기적으로 점검하고, 현실을 파악해 전략을 세워라.

또한 직원들의 의견을 구하라. 그렇다고 당신의 생각을 모두 포기하고 직원들의 의견만 수용해서는 안 된다. 혁신적이고 창의적이며 열린 자세를 가져야 한다. 그래야만 당신의 고객들이 기대하는 이상을 제공할 수 있다.

깨진 유리창 법칙

떠나는 고객을 붙잡아라

- 고객은 '기대'를 갖고 가게 혹은 기업에 들어온다. 그 기대가 실제로 경험한 '현실'과 얼마나 차이가 나느냐에 따라 그곳을 떠날 때의 만족도가 달라진다. 그리고 만족도에 따라 다시 찾을지 말지를 결정하게 된다.

- 깨진 유리창(고객이 떠나는 것)을 없애기 위해서는 고객의 기대 수준 이상에 목표를 두어야 한다.

- 아무리 논쟁해도 고객은 자신이 옳다는 믿음을 버리지 않는다. 깨진 유리창 이론에서 가장 중요한 문장 두 가지는 "죄송합니다"와 "어떻게 도와드릴까요?"이다.

- A, B, C를 약속하고 A와 B만 제공한다면 고객은 화가 날 것이다. 그리고 다른 사람에게 당신의 회사를 추천하지 않을 것이다. 반면 약속한 것 이상을 제공한다면 고객은 당신의 회사에 대해 긍정적인 생각을 갖고, 다른 사람에게도 추천할 것이다.

핵심 고객을 배신한
코카콜라의 선택

가장 똑똑한 기업의 가장 멍청한 실수

코카콜라가 야심차게 새로운 상품 '뉴 코크'를 내놓은 후 78일 동안 40만 통의 항의 편지를 받은 이유는 무엇일까? 에어라인스 이용 승객들이 좌석을 늘리는 대신 가격을 낮춘 항공사의 정책에 불만을 품은 이유는 무엇일까? 십대 소녀들이 버거킹, 맥도날드보다 인 앤 아웃 버거라는 작은 햄버거 가게를 더 좋아한다는데, 그 차이는 무엇일까?

'코크 피플'들이
코카콜라에 분노한 이유

　원래 '브랜드'라는 말은 소속 농장을 표시하기 위해 소에 낙인을 찍는 일을 의미했지만, 오늘날에는 보다 광범위하고 중요한 의미로 쓰이고 있다.

　브랜드란 소비자들이 이성적·감성적으로 기업을 정의한 것이다. 따라서 브랜드화에는 고도의 기술이 필요하다. 기업의 특성을 창출하고, 그 특성이 비즈니스 전반에 드러나도록 만들며, 소비자들이 그 특징을 인지하도록 만드는 일이 브랜드화의 목표이다. 차별화되지 않은 플라스틱 옷걸이나 두루마리 휴지 같은 제품을 생산하는 것과 코카콜라나 소니 같은 브랜드 제품을 생산하는 것은 아주 다르다.

　고객의 마음속에 브랜드를 각인시키기 위해서는 고객의 신뢰와 인정을 받아야만 한다. 그러기 위해서는 수많은 요소들이 고려

되어야 하는데, 우선 브랜드를 구성하는 제품이나 서비스를 반드시 고객과 약속한 대로 제공해야 한다. 또 고객들이 원하는 특성이 무엇인지 찾아내고 차별화될 수 있는 방법을 강구해야 한다. 또한 경쟁사보다 독특하고 매력적인 제품이나 서비스를 제공해야 한다. 그리고 특정한 시장을 타깃으로 공략해야 한다.

이 모든 것은 고객의 신뢰를 바탕으로 이루어져야 한다. 고객이 브랜드를 인정하고, 호감을 갖고, 긍정적인 이미지를 떠올리게 하기 위해서는 절대로 고객을 실망시켜서는 안 된다. 다시 말해 단 하나의 깨진 유리창도 허용하면 안 된다. 비즈니스에서 고객을 실망시키는 것보다 절망적인 일은 없다. 이보다 더 무서운 일은 없다. 기대 이상을 제공하지 못한다면 고객은 경쟁사로 돌아설 가능성이 있다. 하지만 고객을 실망시킨다면 그들은 틀림없이 경쟁사로 몰려간다.

1980년대 세계에서 가장 독보적인 브랜드 중 하나였던 코카콜라는 주력 상품을 '뉴 코크'로 대체하려는 계획을 세웠다. 그들은 거만하게도 핵심 고객들의 반응을 중시하지 않았고, 그 결과 고객들은 새 제품에 열광하는 대신 옛 제품이 사라지는 것에 대해 분노했다.

결국 코카콜라에 등을 돌린 탄산음료 고객들은 쉽게 돌아오지 않았다. 코카콜라는 명성을 되찾기 위해 서둘러 '코크 클래식'을 재출시했다. 그리고 고객들에게 뉴 코크 계획은 농담일 뿐이었다고 수백만 번을 외쳤다. 하지만 지금 식료품점 선반에서 뉴 코크를 한번 찾아보라. 찾기 어려울 것이다.

뉴 코크 계획은 코카콜라라는 대기업의 깨진 유리창을 적나라하게 보여주는 사례이다. 단지 작은 실수로 끝난 게 아니라 거대한 재앙을 불러왔다. 선체의 작은 구멍 하나가, 타이타닉호를 돛단배처럼 무참히 침몰시켰다. 사실 코카콜라 같은 대기업이 고객의 욕구를 제대로 파악하지 못하고 수십 년간 사랑받아 온 제품을 단숨에 펩시와 비슷한 맛을 내는 제품으로 대체하려는 계획을 세웠다는 것 자체가 믿기 어려운 일이다. 코카콜라의 열성 팬들이 뉴 코크에 눈길을 돌릴 리가 만무했다.

심지어 코카콜라에서 의도적으로 이러한 음모를 꾸몄다고 말하는 사람들까지 있었다. 그들은 열성 팬들의 분노를 부추겨 코카콜라가 대중에게 얼마나 많은 사랑을 받고 있는지 반증하려 했을 거라고 의심한다. 고객들이 그리워하는 원래의 주력 상품을 재출시해 새로운 바람을 일으키려 했다고도 추측한다. 그러나 전 세계 시장을 지배하는 대기업이 수십 억 달러(수조 원) 가치의 상품을 놓고 모험을 했을 것 같지는 않다. 물론 사전에 클래식 코크를 재출시하려는 계획이 있었을 수도 있다. 하지만 뉴 코크에 대한 장밋빛 전망을 가지고 있었음은 분명하다.

뉴 코크 계획의 문제는 경영진의 오산만이 아니었다. 이는 브랜드화 전반에 걸친 문제였다. 한 기업이 시장에서 견고한 위치를 잃어버렸다.

주력 상품을 포기한다는 것은 그것에 자신이 없다는 말과 같았다. 수백만 명의 고객이 이 메시지를 '개인적으로' 수용했다. 그들은 수년 동안 충성스럽게 그 제품을 이용해 왔다. 이전의 코카콜라 광고에서는 그들을 '펩시 세대Pepsi Generation'가 아닌 '코크 피플Coke People'이라고 주장했었다.

뉴 코크의 등장으로 수많은 코크 피플은 분노했고 '콜라 전쟁'은 더욱 가열되었다. 펩시에게는 정말 황금 같은 기회였다. 세계에서 제일 똑똑하다고 알려진 기업이 경쟁자에게 밥그릇을 거저 내준 것이다. 그것은 그랜드캐니언 크기의 어마어마한 깨진 유리창이었다.

브랜드 이미지 바꾸기의 위험성

브랜드화는 고객들이 특정 제품을 인식하고 그 제품에 대해 긍정적인 감정을 갖도록 만드는 과정이다. 만약 안전을 지켜주겠다는 고무인간 마스코트의 약속이 맘에 들어 미쉐린 타이어를 사려는 사람이 있다면, 이 브랜드 마케팅은 성공한 것이다. 어떤 사람이 광고를 보고 크라이슬러를 모는 사람과 토요타를 모는 사람이 다르다는 믿음을 갖게 되었다면, 나아가 어떤 차를 몰아야 할지 또 그 이유는 무엇인지를 광고 카피대로 분명하게 주장한다면, 이 브랜드 마케팅 역시 성공한 것이다.

브랜드와 관련된 깨진 유리창은 체인점 한 곳이나 특정 제품과 관련된 깨진 유리창보다 기업을 빠르게 몰락시킨다. 다음과 같은 경우를 상상해 보자.

만약 데어리 퀸 아이스크림 가게에 갔는데 계산대가 지저분했다고 하자. 당신은 직원들이 제대로 일하고 있지 않다고 생각할 것이다. 만약 데어리 퀸에 처음 갔다면 체인점 한 곳이 아니라 기업 전체를 불신하게 될 수도 있다. 계산대가 지저분한 데어리 퀸을 여러 곳 보았다면 기업에 문제가 있다고 확신하고 베스킨 라빈스Baskin-Robbins나 카벨Carvel 등 다른 곳을 찾게 될 것이다. 또한 전국에서 130명의 사람들이 같은 증상으로 시달리고 있는데, 그들 모두 아프기 직전에 데어리 퀸 아이스크림을 먹었다면 기업 이미지는 회복할 수 없을 만큼 크게 손상될 것이다.

이런 경우들에서 깨진 유리창은 브랜드 이미지이다. 브랜드 이미지가 깨진 유리창일 경우라면 일생일대의 거대한 적을 만난 것과도 같다. 기업 이미지를 손상시키는 것, 고객이나 잠재적 고객이 기업을 경시하게 만드는 것 모두가 브랜드의 깨진 유리창이다. 기업의 일부분에서 생긴 실수(사무실의 낡은 카펫 같은)와는 달리 브랜드의 깨진 유리창(심각하게 문제가 되는 원료 사용 같은)은 기업 전체에 영향을 미친다. 기업의 명예를 실추시키는 것 이상의 문제를 야기한다.

고객들은 브랜드에 대해 감정적인 유대감을 갖고 있기 때문에 감정적인 반응을 보인다. 그들은 특정 브랜드의 자동차, 탄산음료, 농구팀, 커피를 열렬히 사랑한다. 그들은 자신이 '선택한' 브랜드에 돈을 쓴다. 그들은 한 브랜드에 충성한다. 제품 혹은 제품 이미지의 어떤 부분이 그들의 감성을 건드렸기 때문이다. 코카콜라 팬들에게 펩시를 건네주어 보라. 뉴욕 양키스 팬에게 보스턴 레드삭스를 응원하라고 부추겨보라. 애플의 매킨토시 사용자에게 마이크로소프트의 윈도우를 사라고 속삭여보라. 그들은 당신의 말에 귀 기울이지 않을 것이다. 절대로!

사람들은 아메리칸 에어라인스와 컨티넨탈 에어라인스 Continental Airlines가 서로 다른 서비스를 제공한다고 믿는다. 하지만 정말 그럴까? 그렇지 않다. 두 항공사 모두 뉴욕에서 LA까지 가는 데 5시간 30분이 걸린다. 똑같이 스낵 한 봉지와 음료수 한 잔을 무료로 제공한다. 어느 비행기나 가방 하나만 가지고 탈 수 있으며 발을 웅크리고 불편하게 앉아 가야 한다. 그러나 어디엔가 분명 차이는 있다. 특정 항공사를 선택하도록 만드는 아주 작은 차이가.

어떤 항공사는 다른 항공사보다 마일리지 포인트를 더 많이 준다. 그리고 대륙 횡단 비행시 음료 서비스를 한 번 더 제공한다. 한 항공사는 영화를 보는 데 필요한 헤드폰을 무료로 제공하고 다른 항공사는 4달러에 임대해 준다. 성공과 실패를 가르는 열쇠는 아주 작은 것에 숨어 있다.

어떤 항공사는 비즈니스맨들에게 편안하고 특별한 서비스를 제공한다고 강조한다. 또 다른 항공사는 가족들에게 즐거운 여행의 추억을 만들어주겠다고 약속한다. 가장 저렴한 가격을 약속하는 항공사도 있다. 단, 여기에서 중요한 것은 무엇을 강조하든 일관성 있게 해야 한다는 것이다.

아메리칸 에어라인스는 2003년 파산 위기를 맞은 직후 새로운 CEO 제럴드 아페이Gerald Arpey를 영입했다. 그는 보다 넓은 삼등석 공간을 약속한 회사의 정책과는 반대로 좌석을 더 많이 넣어 수익을 늘리기로 결정했다. 월 스트리트 증권가에서는 이 결정을 환영했을지 몰라도 좀더 편안한 좌석 때문에 아메리칸 에어라인스를 선호했던 충성스러운 고객들은 불평이 대단했다. 아메리칸 에어라인스는 고객들의 불평에 좌석이 좁아지는 대신 가격도 낮아진다고 변명했다.

사실 몇 십 센티미터의 공간은 별 것 아닌 듯 여겨질 수 있다. 그러나 키가 185센티미터인 나는 삼등석에서 비행을 하느니 차라리 독약을 마시겠다. 다리를 웅크리고 장거리 비행을 해본 사람들은 몇 십 센티미터의 차이가 얼마나 큰지 잘 알고 있다. 그런데도 아메리칸 에어라인스는 브랜드 이미지를 한순간에 '더 넓은 공간'에서 '더 저렴한 가격'으로 바꿔버렸다. 그것은 충성스러운 고객들을 배신하는 결정이었다.

브랜드 이미지를 바꾸려는 경우 이전의 브랜드 이미지 때문에 기업을 선택한 핵심 고객을 잃게 될 위험이 있다. '아버지가 타던 올드모빌Oldsmobile 자동차가 아니다'라는 광고 문구는 많은 이들에게 GM이 기존의 핵심 고객이었던 노년층에 더 이상 관심을 두지 않겠다고 선언하는 것처럼 들렸다. GM은 이제 젊은 힙합 세대를 원하는 것 같았다. 충성스러운 올드모빌 고객들을 쓸모 없는 늙은이로 취급하는 듯한 이 광고는 결국 실패했다. 그리고 올드모빌은 자동차시장에서 완전히 사라지고 말았다.

기업들은 브랜드 이미지를 만들기 위해 막대한 돈을 투자하고 오랜 시간 동안 노력한다. 그러나 아주 사소한 일 하나로 전체 브랜드가 손상될 수 있다. 예를 들어 도넛 가게에서 바퀴벌레 한 마리를 발견했다고 하자. 고객은 다시는 그 브랜드를 찾지 않을 것이다. 이처럼 '아주 미약한 인과관계'가 강력한 힘을 발휘하곤 한다.

나는 최근 한 무리의 십대 소녀들과 인 앤 아웃 버거In-and-Out Burger에 갔었다. 소녀들은 맥도날드나 버거킹보다 작고 알려지지 않은 그곳을 사랑한다고 말했다. 인 앤 아웃 버거는 작은 것에 관심을 기울이기 때문이었다. 맨해튼의 고급 호텔처럼 화려하진 않지만 인 앤 아웃 버거 체인점은 깨끗하며 직원들은 친절하고 상냥하다. 다른 패스트푸드 체인점들은 소녀들이 생각하기에 지저분하고 느리고 불친절했다. 어린아이와 십대의 자녀를 가진 가족들은 '빠른 서비스' 산업의 핵심 고객들이다. 내가 만난 십대들은 작은 것―깨진 유리창―에 주목하지 않는 패스트푸드점에는 가고 싶지 않다고 했다.

깨진 유리창 하나가 고객으로 하여금 브랜드 전체를 거부하도록 만들 수 있다. 그렇다면 당신은 어떻게 해야 할까? 사소한 행동 하나가 회사 전체에 중대한 영향을 미친다는 사실을 직원들에게 이해시켜라. 그리고 이를 회사의 정책으로 명시하고 기업 전체에 이 정책이 실행되고 있는지 계속 확인하라. 모든 매장에서 모든 직원이 언제나 정책을 따르고 있는지 확인하라. 암행어사 고객을 채용해(이전에 불편 신고를 가장 많이 한 고객을 채용한다면 제일 좋을 것이다) 매장의 세세한 부분까지 잘 관리되고 있는지 확인하

라. 당신의 브랜드에 깨진 유리창이 생기지 않도록 막아라. '브랜드 깨진 유리창'은 기업 전체를 뒤흔드는 위험 요소이다. 만약 이 사실을 자꾸 잊어버린다면 이 단어를 기억하라.

'뉴 코크.'

브랜드 이미지를 확실하게 심는 법

- 특정 제품에 대한 좋은 이미지를 다른 제품들에까지 확대해 비즈
  니스를 한 차원 발전시키기 위해서는 브랜드화 작업이 필요하다.
  또한 고객들에게 브랜드로 인지되기 위해서는 그들의 신뢰가 필수
  적이다. 그 외의 다른 방법은 없다.

- 뉴 코크의 경우처럼 기업이 고객의 신뢰를 배신할 때 고객들이 반
  발하는 것은 당연한 일이며, 가장 충성스러운 고객들마저 경쟁사
  에 빼앗기는 것도 당연한 일이다.

- 브랜드 인식은 감정적인 애착이기 때문에 브랜드 이미지는 한 번
  깨지면 수리하기가 매우 어렵다.

크리스피 크림보다
던킨 도너츠에 열광하는 이유
혹은 그 반대

첫인상을 먼저 잡는 기업이 성공한다

당신은 패밀리 레스토랑 빕스의 팬이다. 친구들에게 빕스 샐러드가 맛있다고 자랑하고 생일 모임도 빕스에서 갖는다. 그런데 어느 날 인근에 아웃백이 생겨 호기심에 한번 들러본다. 맛도 괜찮고 매장도 깨끗하고 서비스도 좋았다. 부정적인 경험은 없었지만 모든 것이 빕스와 비슷하다. 그렇다면 다음 번 외식은 어디에서 하겠는가? 빕스? 아웃백?

똑같은 제품에
다른 고객이 몰리는 이유

━━

크리스피 크림Krispy Kreme 도넛과 던킨 도너츠Dunkin Donuts 도넛의 맛을 구분할 수 있는가? 나는 그럴 수 없다. 여기 두 개의 강력한 브랜드가 있다. 두 브랜드의 제품은 매우 비슷하다. 그들은 비슷한 방식으로 마케팅을 하고 비슷한 유통 구조를 갖고 있으며 비슷한 유형의 고객을 대상으로 한다. 언뜻 보기에 쌍둥이처럼 보일 정도이다. 마치 다른 이름으로 같은 제품을 판매하는 듯하다. 그러나 각각의 브랜드에 대한 고객의 충성도는 대단하다. 코크와 펩시의 경우처럼 크리스피 크림과 던킨 도너츠를 놓고 벌이는 논쟁이 뜨겁다. 마치 보스턴 레드삭스와 뉴욕 양키스 팬들이 설전을 벌이는 듯하다.

어떻게 이런 일이 가능한가? 그것은 두 기업이 각각 만들어낸 브랜드 이미지가 너무나 강력해서 고객들이 제품에 감정적인 유대감을 갖게 되었기 때문이다. 싸고 흔한 제품에 이렇게 강한 충성심이 형성된 경우는 그리 많지 않다. 두 기업의 마케팅 담당자들은 고객의 마음속에 '그들의 도넛'은 다른 기업의 도넛과 달리 친숙하고 맛이 좋다는 생각을 심어놓는 데 성공했다. 그 결과 고객들은 도넛을 고를 때 팩시밀리나 종이 타월이나 바나나를 선택할 때와는 달리 브랜드를 따지게 된다. 당신은 그게 깨진 유리창과 무슨 상관이 있느냐고 물을 것이다. 기다려라. 이제부터 설명해 줄 것이다.

제품·기업과 고객 사이에 형성된 감정적 유대감은 비즈니스 세계에서 꿈꿀 수 있는 가장 강력한 관계이다. 이러한 관계는 오랫동안 충성하는 고객을 만들어내고 기업은 오랫동안 번창할 수 있다. 고객의 충성심은 기업이 생존하기 위해 반드시 필요한 것이다.

고객과 기업은 광고와 입소문 또는 서비스 제공이나 구매 행위를 통한 직접적인 접촉을 통해 처음 만난다. 이때 고객에게 주는 첫인상이 앞으로의 강력한 유대관계를 형성하는 데 결정적인 역할을 한다. 진부하게 들릴지 모르겠지만 분명한 현실이다. 그리고 좋은 첫인상을 만들 기회는 단 한 번뿐이다! 고객과의 첫 만남에서 깨진 유리창을 보인다면 당신은 어마어마한 기회를 놓치는 것이다. 회복하기 어려운 손상을 입는 것이다. 첫인상의 중요성은 아무리 강조해도 지나치지 않다.

전설적인 야구선수 조 디마지오Joe DiMaggio는 항상 최선을 다해 플레이를 한 것으로 유명하다. 그는 늘 관중석에 자신의 플레이를 처음으로 직접 보는 팬이 앉아 있을 거라고 생각하고 최선을 다했다고 한다. 그 결과 디마지오는 56게임 연속 안타의 신화를 세울 수 있었다. 이 기록은 앞으로도 쉽게 깨질 것 같지 않다. 그는 변치 않는 성실함 때문에 대기록을 세울 수 있었다. 디마지오에게 깨진 유리창이란 없었다. 그는 매일 매 시간 모든 것에 강박적으로 최선을 다했다.

당신의 회사를 처음 방문한 고객은 좋든 나쁘든 첫인상을 받게 된다. 이때 고객이 처음 만난 계산대 직원, 판매사원 등이 당신의 회사를 대표하게 된다. 인터넷이나 전화 주문 고객들은 상담원을 통해 당신의 회사와 만나게 된다. 그러나 이들은 대개 높은 지위에서 높은 연봉을 받는 직원들이 아니다. 하지만 그들이 회사를 대표한다. 물론 나쁜 첫인상은 불친절한 직원이 아니라 질 낮은 상품에 기인하기도 한다. 세상에서 가장 친절하고 능력 있는 직원이 속해 있다 해도 당신의 상품에 문제가 있다면 고객에게 좋은 첫인상을 주기 어렵다. 질 낮은 상품에서 비롯된 깨진 유리창은 밑바닥부터 다시 뜯어 고쳐야만 한다.

다시 크리스피 크림과 던킨 도너츠의 경우로 돌아가보자. 둘

중 하나에서 맛이 없거나 고객이 원치 않는 도넛을 만들었다면 계산대 직원이 아무리 친절하고 능력이 있다 해도 소용이 없다. 고객들은 질 낮은 제품을 기억하고 다시는 그곳을 찾지 않을 것이다. 그러나 크리스피 크림과 던킨 도너츠의 경우 제품에는 큰 차이가 없다. 그러므로 충성스러운 고객을 만드는 다른 요인이 있음에 틀림없다. 과연 무엇일까? 여러 가지 요인 중에서도 특히 물리적 환경과 고객과 직접 대면하는 직원을 들 수 있다.

지저분한 화장실은 강력한 부작용을 일으키는 깨진 유리창이다. 내부 인테리어가 우중충하고 카펫이 낡고 식탁이 닦여 있지 않다는 사실을 알게 된다면(특히 식당의 경우), 고객은 그 기업에 대해 더 이상 호의를 갖지 않게 될 것이다. 비행기에 탑승한 승객이 컵을 꽂는 링에 이전 승객이 사용한 컵이 꽂혀 있는 것을 발견한다면 비행기의 엔진 관리도 허술할 거라고 추측하게 될 것이다. 그 항공사에 대한 부정적인 편견이 생길 것이다.

옷이나 기계에 묻어 있는 작은 얼룩이 중대한 문제 중 하나라고 생각하지 않는다면 여태까지 이 책을 제대로 읽지 않은 것이다. 고객은 경영자의 무관심에서 비롯된 작은 부분을 보고 그 뒤에 무언가 더 큰 문제가 숨어 있으리라 추측한다. 패스트푸드점에 대해 불만족스러운 점을 물으면 사람들은 화장실, 식탁, 소스 선반 등의 청소 상태를 언급하지는 않는다. 오히려 불친절한 서비스

깨진 유리창 법칙

고객과 만나는 15초 동안

기업의 운명이 결정된다.

- 얀 칼슨Jan Carlson, 오토리브 최고 경영자

에 대해서만 화를 낸다. 그러나 사실 그들은 비위생적인 환경에서 음식이 만들어진다는 점을 걱정하고 있다.

고객에게 나쁜 첫인상을 주는 또 다른 요소는 직원들이다. 고객의 문제를 해결하려 노력하지 않는 나태하고 의욕 없는 직원들은 깨진 유리창이다. 고객은 직원 한 명이 아닌 기업 전체가 고객에 대해 그런 태도를 갖고 있지는 않은지 의심하게 되고, 돈을 내고 왜 이런 서비스를 받아야 하는지 회의하게 된다. 그리고 자신의 선택을 재고하게 된다.

단골 고객이 되려면 기업에 대해 적어도 한 번 이상의 긍정적인 경험을 갖고 있어야 한다. 어떤 기업의 단골이 되었을 때는 다 그만한 이유가 있다. 어떤 기업의 운영이나 제품에서 무언가 좋은 점을 발견해야만 다시 그 기업을 찾게 된다. 반면 단 한 번의 부정적인 경험으로도 오랜 단골 고객이 떠날 수 있다. 부정적인 첫인상을 받았다면 단골 고객이 될 가능성은 거의 없다. 사실 한 번 더 찾을 가능성도 별로 없다. 『LA 컨피덴셜』, 『고담』, 『햄튼』 등을 만든 출판업자 제이슨 빈은 "사람들은 환영받을 수 있는 곳을 찾아간다. 환영받지 못하면 나쁜 인상을 간직하게 된다"고 했다.

　　　　　　　　　　　　　　　　　　　　　깨진 유리창 법칙

좋은 첫인상도
'최초'가 아니면 소용없다

　다시 도넛 문제로 돌아가보자. 크리스피 크림과 던킨 도너츠는 비슷한 제품을 팔면서도 어떻게 서로 다른 충성스러운 고객을 얻을 수 있었을까? 한쪽이 확실히 우월한가? 그렇다면 어떻게 우월한가? 이 경우 우월한 쪽은 긍정적인 첫인상을 먼저 얻어낸 기업이다. 만약 당신이 던킨 도너츠의 팬이라고 하자. 아마도 당신은 크리스피 크림을 먹기 전에 던킨 도너츠를 먹기 시작했을 것이다. 그리고 좋은 경험을 했을 것이다. 당신이 원하는 혹은 그 이상의 맛을 느꼈을 것이다. 깨끗한 환경에서 신속한 서비스를 받았을 것이다. 직원들은 능률적으로 움직이고 있었을 것이다.

　두 기업이 모든 면에서 비슷하다면 도넛의 맛이 가장 중요한 요소이다. 도넛을 먹었는데 맛이 좋았다(커피도 맛있었다). 그래서 당신은 던킨 도너츠를 '내가 좋아하는 곳'으로 기억했다. 나아가 당신은 던킨 도너츠의 단골 고객이 된다. 매일 아침, 매주, 축하할 일이 있을 때마다 그곳을 찾는다. 여러 종류의 도넛을 먹어보았는데 대부분 맘에 들었다. TV에서 던킨 도너츠 광고를 보면 왠지 기쁘다. 던킨 도너츠에 대한 애정 때문에 거기서 파는 머그잔까지 산다.

당신은 감정적으로 던킨 도너츠와 연결되어 있다. 친구들에게 던킨 도너츠의 커피가 맛있다고 자랑하고, 직원 모임에 던킨 도너츠를 사 간다. 스스로를 '던킨 팬'으로 인식한다. 그런데 어느 날 인근에 크리스피 크림이 생겼다. 그러나 당신은 이미 던킨 도너츠의 골수 팬이기 때문에 별로 동요하지 않는다. 그러나 새 브랜드에 대해 조금 궁금하기도 하고, 다른 사람들이 크리스피 크림에 대해 이야기하기에 크리스피 크림에 갔다. 그냥 한번 가본 것뿐이다. 가서 도넛을 먹어봤는데 맛이 괜찮다. 매장은 깨끗하고, 서비스는 신속하다. 부정적인 경험은 전혀 없었다. 모든 것이 던킨 도너츠와 비슷하다. 그러나 던킨 도너츠보다 월등하지는 않다.

만약 전에 던킨 도너츠에 가보지 않았다면 당신은 크리스피 크림을 계속 찾게 될 것이다. 크리스피 크림에 가는 습관을 들이고 감정적인 유대감을 쌓아나갈 것이다. 그러나 당신은 이미 던킨 도너츠의 단골 고객이다. 그러므로 비슷한 크리스피 크림을 다시 찾을 이유는 없다. 당신은 계속 던킨 도너츠를 찾을 것이다.

이제 첫인상이 얼마나 중요한지 이해했는가? 그리고 좋은 첫인상을 경쟁사보다 먼저 남기는 것 또한 중요하다는 사실도 이해했는가? 이 예에서 브랜드 이름은 뒤바뀔 수도 있다. 크리스피 크림을 던킨 도너츠보다 먼저 먹었고 팬이 되었을 수도 있다. 그리고 이제 와서 던킨 도너츠를 먹을 필요를 못 느낄 수도 있다.

고객은 자신이 선택하고 사랑하는 브랜드가 더 좋다고 믿는다. 고객은 스스로 브랜드를 선택하고 나아가 그 브랜드를 자신의 일부로 여긴다. 예를 들어 '펩시 맨'이나 '코크 피플'로 자신을 정의한다. 자신이 선택한 브랜드의 장점을 이야기하며 열변을 토한다. 경험은 주관적이기 때문에 그들 말 모두가 맞다. 그들이 자신의 브랜드가 더 좋다고 결정을 내리면 그것이 그들에게는 진리가 된다.

하지만 고객에게 부정적인 첫인상을 남기게 되면 감정적 유대를 기대할 수 없다. 이미 늦은 것이다. 이미 만들어진 첫인상을 바꿀 방법은 없다. 잘못된 첫인상을 만회할 수 있는 단 하나의 방법은 기업과 관리자(또는 담당 직원)의 잘못을 즉각 인정하고 보상하는 것이다. 고객에게 무료 도넛이나 무료 커피 쿠폰을 제공하고 다시는 이런 일이 없을 거라고 거듭 약속해야 한다. 그러나 신속한 조치를 취해도 고객은 부정적인 첫인상을 지우지 못할 수도 있다. 그러므로 가장 좋은 방법은 부정적인 첫인상을 만들지 않는 것이다.

어떤 항공사를
선택할 것인가

경쟁사가 주목하지 않는 깨진 유리창을 수리하라

1984년 창업 당시 델은 대리점 등 중간상인을 거치지 않고 고객 조립형 컴퓨터를 최종 소비자에게 직접 판매하는 독특한 전략을 펼쳤다. 당시 PC업계에서는 델의 시도를 무모하다고 생각했지만 유통 비용을 줄인 덕분에 델은 다른 기업보다 40%까지 제품을 싸게 팔 수 있었고, 델은 소비자로부터 폭발적인 호응을 얻었다. 여기에 숨어 있는 비즈니스 원리는 무엇인가?

맛없는 기내식이 더 나쁠까,
웃지 않는 승무원이 더 나쁠까

2000년, 데이빗 닐먼David Neeleman은 제트블루를 창립했다. 그는 저렴한 항공사라고 해서 최소한의 서비스를 제공해야 하는 건 아니라고 믿었다.

대부분의 항공사 직원들은 마지못해 미소짓고 인사를 한다. 그들은 무뚝뚝하고 퉁명스럽다. 그러나 제트블루는 전문적이고 효율적이며 성의 있는 서비스를 제공한다. 제트블루에는 좌석 등급이 없다. 일등석과 삼등석의 구분 없이 모든 좌석이 동일한 서비스를 제공받는다. 최신 개봉 영화를 상영하지도 않는다. 대신 대부분의 노선에서 다이렉TV 위성방송을 틀어준다. 음식은 스낵만 제공한다. 그러나 절대로 대부분의 항공사처럼 과자 봉지 하나를 던져주지는 않는다.

닐먼은《로스엔젤레스 타임스 매거진》과의 인터뷰에서 제트블루는 고객서비스를 희생시키지 않고 가격을 낮추는 것을 목표로 한다고 말했다. 즉 비즈니스의 작은 부분에 관심을 기울이겠다는 것이다.

"조사 결과, 승객들은 기내식에 크게 신경 쓰고 있지 않았다. 그래서 따뜻한 기내식을 없애고 대신 차가운 스낵을 제공하기로 결정했다. 우리는 융통성을 발휘했다. 우리는 안전벨트 표시등이 꺼지면 승객들이 일어설 수 있도록 쟁반에 간식을 담아 제공할 것이다. 승무원들이 음료수 카트로 통로를 막아버리면 승객들이 돌아다니기 불편하기 때문이다. 그리고 항상 미소로 승객을 응대할 것이다."

무엇보다 미소가 중요하다. 비행기 승객들은 항공 산업의 명맥을 잇게 해주는 은인들임에도 불구하고, 그들은 의욕 없이 무표정하게 일하는 승무원, 개찰구 직원, 항공사 직원들에게 질려 있다. 항공사들이 기내식에 대대적인 삭감 조치를 가하기 훨씬 전부터 맛없는 기내식은 코미디 소재로 자주 등장했었다. 그러나 항공사의 주된 문제는 기내식 자체가 아니었다. 맛없는 기내식을 제공하면서도 개선 노력조차 하지 않는 '태도'가 오히려 심각한 문제였다.

깨진 유리창 법칙

제트블루는 승객들 입장에서 깨진 유리창을 예방하고 수리하려고 애썼다. 승객들은 승무원들의 미소를 보며 제트블루가 다른 항공사와 다르다는 것을, 훨씬 더 낫다는 것을 인식했다. 그 결과, 2003년 제트블루는 서비스를 미국 동부까지 확대할 수 있었다. 그러자 다른 항공사들이 제트블루를 모방하기 시작했다.

델타Delta 항공은 '송Song'이라는 프로그램을 만들고 유나이티드 에어라인스는 '테드Ted'라는 프로그램을 소개했다. 한정된 지역을 보다 저렴한 가격으로 운항하는 두 프로그램 모두 서비스를 축소하고 가격을 낮추는 데 초점을 맞추었다.

사실 제트블루는 다른 항공사보다 운영 비용이 적게 들고 있다. 노동조합이 없었기 때문에 다른 대형 항공사들보다 직원들의 임금도 낮다. 즉 직원들의 업무 스케줄과 계약 조건에 융통성을 가질 수 있어 임금을 절약할 수 있었다. 또 따뜻한 기내식을 제공하지 않고 다이렉TV를 상영해서 운항 경비를 절감할 수 있었다. 좌석이 그다지 편안하지는 않았지만 가격이 저렴하므로 고객들은 기꺼이 수용했다. 이러한 제트블루 방식은 획기적인 것이었다.

항공 산업의 부진이
말해주는 것들

　유나이티드 에어라인스는 '유나이티드의 다정한 하늘을 날아 보세요'라는 광고 문구를 사용해 왔다. 그러나 고객 설문조사 결과 단골 승객마저도 유나이티드 에어라인스의 하늘은 다정하지 않다고 대답했다. 유나이티드 에어라인스는 가장 중요한 점을 간과하고 있다. 친절하다고 말하는 것만으로는 충분하지 않다는 점이다. 친절은 행동으로 보여주어야 한다. 그렇지 않으면 거짓말을 한 셈이 되므로 더 큰 함정에 빠지게 될 것이다.

　유나이티드 에어라인스는 다른 항공사들과 마찬가지로 9·11 테러로 큰 타격을 입었고, 그들의 친절도와 상관없는 외부 요소에 의해 영업 실적이 급락하기 시작했다. 결국 2004년에는 정부에 원조를 신청했으나 거절당하고 말았다. 아메리칸 에어라인 역시 2003년 법정관리의 위기를 맞았다.

　그러나 9·11 테러가 일어나기 훨씬 전인 2001년부터 국내외 항공사의 서비스에 대한 불평의 목소리는 높아져 있었다. 왜 그랬을까? 예를 들어 뉴욕에서 LA로 여행을 한다고 하자. 6시간의 비행 동안 당신은 불편한 의자에 앉아 있어야만 한다. 화장실은 비좁고 지저분했다. 상영 영화가 재미있을 때도 있지만 재미없을 때도 많다. 서비스는 기껏해야 보통 수준이다. 또 이해할 수 없는 규칙들을 아무 이의 없이 준수해야만 한다(왜 비행기가 활주로를 달리는 동안 음악 CD를 들을 수 없는 것일까?). 어디에 있든 어디를 가든 얼마나 오래 비행을 하든 당신은 계속해서 안전벨트 사용법을 들어야 한다.

항공 산업에는 너무나 많은 깨진 유리창들이 존재한다. 그럼에도 불구하고 수많은 비행기들이 계속 운항하고 있다는 사실이 놀라울 뿐이다. 특히 고객서비스 부분에서 항공사들은 너무 오랫동안 너무 쉽게 버텨왔다. 그들은 승객이 넘쳐난다는 사실을 잘 알고 있다. 미국 대륙을 6시간 만에 횡단할 방법은 항공편밖에 없다. 그러므로 아무리 서비스가 엉망이어도 승객들은 비행기 여행을 선택할 것이다. 다른 항공사를 선택하려 해도 곧 서비스에 큰 차이가 없다는 사실을 알고 승객들은 좌절한다.

9·11 테러 때문에 사람들이 비행기 여행을 주저하게 되었을까? 그렇지 않다. 9·11 테러 이전에도 사람들은 비행기 여행을 싫어했다. 그들은 즐거운 경험을 할 수 없었다. 항공사는 승객에게 즐거운 경험을 제공할 의무가 있지만 그들은 의무를 저버렸다. 만약 내일 당장 〈스타트렉〉에 나오는 분자 운반 장치가 실용화된다 해도 비행기보다 3배 이상의 비용을 지불해야 목적지에 도착할 수 있을 것이다. 사람들은 결국 마지못해 다시 비행기를 선택

하게 될 것이다. 그러나 비행기 여행이 사치스럽고 즐거운 모험으로 여겨지던 때도 있었다.

2003년 12월 《로스엔젤레스 타임스 매거진》은 항공 산업의 심각한 적자를 걱정하고 있다.

2002년에 항공사들은 약 100억 달러(약 10조 원)의 손해를 보았고, 10만 명의 인력을 감축했다. 승객 부족으로 모하비 사막에 주기해 놓은 비행기들이 수백 대에 달한다. 현재 비행기가 거의 만석으로 운항되고 있다면 이는 분명 운항 횟수를 대폭 줄였기 때문이다. 설상가상으로 전문가들은 항공 산업의 재정 적자와 파산 현상이 더욱 심화될 것으로 전망하고 있다.

유나이티드 에어라인스와 아메리칸 에어라인스는 법정관리의 수혜를 보고 있다. 그러나 1960년대부터 운항을 해온 두 기업의 승무원들은 9·11 테러 훨씬 이전부터 의욕을 상실해 있었다. 비행기 여행은 자동차나 기차 여행보다 비용은 높지만 서비스는 좋지 않다. 그리고 상황은 더욱 악화되어 가고 있다. 그 이유가 무엇일까? 앞서 언급했듯 항공사는 비행기 승객이 넘쳐난다는 사실을 잘 알기 때문이다. 그러므로 고객에 대한 관심을 표현하는 데 노력을 기울이지 않는다. 심지어 9·11 테러 이후 재정 적자를 이유로 무료 기내식 서비스가 사라져 가고 있다. 그들은 승객에게 먹기 싫은 음식을 판매까지 한다! 넓은 삼등석 공간을 광고하던 아메리칸 에어라인스마저 예산 절감을 위해 고객과의 약속을 저버렸다.

항공사들은 핵심 고객인 비즈니스 여행자들까지 배신했다. 적자 해소를 위해 비즈니스석의 가격을 올렸다. 서비스 역시 일등석보다는 삼등석에 가까워졌다. 좌석은 좁고 가죽으로 되어 있지 않으며 좌석 수도 늘어났다. 지난 수십 년간 상냥하던 승무원들의 얼굴에서 미소가 사라졌다. 그들은 기계적으로 음료수만 나누어 주고 있다.

대형 항공사들은 고객만족도 조사를 통해 문제를 인식만 해왔지 정작 변화를 위한 행동은 하지 않았다. 9·11 테러 이후 안보가 지나치게 강조되면서 고객서비스는 사소한 문제로 전락하고 말았다. 그리고 9·11 테러 이후 몇 년이 흘렀지만 대부분의 대형 항공사들은 아직도 미래의 비전을 세우지 못하고 있다.

무료 항공권의
진실

　제트블루는 항공 산업계에 혜성처럼 떠올라 보스턴과 뉴욕 같은 대도시까지 노선을 확대해 가고 있다. 그러자 경쟁사들이 제트블루를 견제하기 시작했다. 아메리칸 에어라인스와 델타에서는 제트블루가 운항하는 도시에서 대대적인 특별 할인 프로그램을 시작했다. 2004년 겨울 동안 (뉴저지 주 뉴어크 공항을 포함한) 뉴욕 인근 공항에서 출발하는 비행기를 2회 이상 이용한 승객에게는 세계 어디든지 비행할 수 있는 무료 항공권 하나를 제공했다. 대단한 특전처럼 보이지만 사실 무료 항공권에는 고객들이 모르는 제한사항이 너무나도 많다. 이것은 또 하나의 잠재적인 깨진 유리창이다. 무료 항공권을 감사히 받은 고객들은 그것을 사용하려 할 때 심한 배신감을 느끼게 될 것이다.

　델타는 애틀랜타와 캘리포니아 롱비치 사이를 운항하는 제트블루를 의식해, 비록 같은 노선을 운항하지는 않지만 애틀랜타에서 LA, 온타리오, 캘리포니아 오렌지 카운티로 가는 편도 노선의 항공료를 제트블루 가격과 같은 99달러로 대폭 낮추었다. 마일리지도 이전의 3배를 더 주었다. 그 결과 애틀랜타에서 캘리포니아를 왕복 여행할 경우 무료로 한 번 더 여행할 수 있게 되었다. 결국 제트블루는 두 손을 들었고 애틀랜타를 떠나야만 했다.

과연 이것이 항공 산업의 깨진 유리창을 수리하는 방법일까? 그럴 수도 있고 그렇지 않을 수도 있다. 다른 어떤 산업보다 항공 산업에서는 깨진 유리창이 눈에 잘 띈다. 항공 산업은 매우 한정적이며, 대부분의 사람들이 직접 경험을 통해 잘 알고 있는 분야이기 때문이다. 그러므로 제트블루를 비롯한 일부 항공사들이 낮은 가격에 보다 나은 고객서비스를 지향하며 변화하고 있는 것은 긍정적으로 평가될 수 있다.

그러나 대형 항공사들이 제트블루의 태도나 철학까지 모방하고 있는 것은 아니다. 그들은 제트블루처럼 작은 항공기를 운항하는 자회사를 하나 차렸을 뿐이다. 결코 기업 전체를 바꾸지는 않았다. 유나이티드와 델타는 고객들에게 두 가지 안을 제시한다. 낮은 가격에, 제한된 지역에서, 보다 효율적이고 친절한 서비스를 받을 것인가? 아니면 높은 가격에 이전과 같은 질 낮은 서비스를 받을 것인가? 이는 성공을 위한 전략이 아니다. 아직도 대부분의 항공사들은 깨진 유리창을 예방하고 수리하는 일을 중시하지 않고 있다. 그들은 수십 년간 충성해 온 고객들에게 오만불손한 태도를 보여왔다. 사람들은 스스로 원할 때가 아니라 다른 교통편이 불가능한 경우에만 항공 여행을 선택한다. 그리고 항공료를 비교해서 아무 항공사나 선택한다.

제트블루의 성공은 다른 항공사에 귀감이 되었다. 하지만 대형 항공사들은 제트블루의 성공 원인을 심층적으로 분석하지 않은 채 겉모습만 따라했다. 그들은 제트블루가 어서 시장에서 사라지기를 바라며 압력을 가하고 있다. 그들은 예전처럼 대형 항공사로서의 권위를 되찾고, 고객서비스에 신경을 쓰지 않아도 되기를 바란다.

깨진 유리창 Lesson

고객의 보이지 않는 마음을 읽어라

- 작은 부분에 주목하라. 고객이 깨진 유리창을 인지하기 전에 제거하라. 이러한 방식으로 제트블루는 항공 산업의 역사를 새로 만들었다.
- 성공을 가장하는 것은 깨진 유리창을 수리하는 길이 아니다.
- 깨진 유리창이 발생한 이유를 정확하게 이해해야 완전한 수리가 가능하다. 깨진 유리창을 수리했다고 말로만 주장하면서 아무런 행동도 하지 않는다면 깨진 유리창을 그대로 내버려두는 것보다 나쁜 결과를 얻게 될 것이다.

깨진 유리창을 수리해
성공한 기업들

하려면 제대로 하라

뉴욕 경찰은 살인과 같은 흉악범죄를 막기 위해 가장 먼저 노상방뇨, 무단 횡단 같은 경범죄를 강력하게 처벌했다. K마트와 월마트가 성장부진에 빠져 있을 때 타깃이 가장 신뢰 받는 브랜드로 자리매김할 수 있었던 이유는 무엇일까? 매일 수만 명이 찾는 디즈니랜드가 몇 십 년 동안 세계 최고의 놀이공원일 수 있었던 이유는 무엇일까?

시민들은 강력범죄보다
일상의 작은 범죄를 두려워한다

깨진 유리창 이론의 실례로 뉴욕의 범죄와의 전쟁이 자주 거론된다. 뉴욕은 경범죄를 막기 위해 꾸준히 노력한 결과 연간 2,200건에 달하던 살인범죄가 매년 1,000건 이상 감소하는 쾌거를 이루어냈다. 뉴욕 시민들은 다시 그들의 도시가 살 만한 곳이라고 생각하기 시작했다.

깨진 유리창은 수리될 수 있다. 깨진 유리창이 수리되면 사람들의 인식에 빠르고 분명한 변화가 일어난다. 브래턴 경찰국장은 처음 소개되었을 때만 해도 깨진 유리창 이론을 믿지 않았었다고 내게 고백했다. 그러나 보스턴 경찰국에 재직하면서 그의 생각에 변화가 일어났다.

"나는 범죄율이 높은 지역에 사는 사람들이 강력범죄에 대해서는 불평하지 않는다는 사실을 발견했다. 사람들은 살인, 강간, 강도 사건에 대해서 언론의 보도가 있어야만 관심을 갖는다. 오히려 그들은 작은 일에 불평했다. 버려진 차, 밤이면 집 앞에 나타나는 포주들, 잠 못 들게 큰 소리로 떠드는 아이들에 대해 불평을 했다. 그리고 나는 경찰이 강력범죄에만 치중하고 있다는 사실을 깨달았다. 그러나 사람들은 매일매일 부딪치는 작은 범죄를 두려워했다. 그들은 '법적인 희생자 없는 범죄'의 희생자였다."

줄리아니 시장과 브래턴 경찰국장은 대부분의 뉴욕 시민이 직접 목격하지 못하는 강력범죄가 아니라 일상생활에서 흔히 볼 수 있는 경범죄에 초점을 맞추기로 했다. 뉴욕 시민들은 정부가 경범죄에 철퇴를 가하는 모습을 보고 강력범죄는 더욱 강력하게 대처될 것이라고 믿게 되었다. 이러한 시민들의 인식 변화와 정부의 실질적인 노력에 의해 뉴욕의 깨진 유리창은 수리되기 시작했다. 브래턴 경찰국장은 "사실 깨진 유리창은 비즈니스 세계에 더 많다. 사람들은 특히 고객서비스에서 깨진 유리창을 자주 발견한다. 한편 경찰의 깨진 유리창은 시민들의 공포와 무질서를 불러일으킨다. 작은 부분에 주목해야 한다"고 주장했다.

깨진 유리창을 제대로 수리한다면 그 효과는 대단하다. 줄리아니 시장이 물러난 후에도 뉴욕은 범죄의 온상이라는 오명을 반복하지 않았다. 지금은 테러에 대한 위험이 범죄에 대한 공포보다 더 심각한 상황이다. 그러나 더 이상 뉴욕 거리의 경찰관들은 시민의 안위를 등한시하는 부패한 공무원이 아니다. 그들은 시민의 수호자이다.

이와 같은 일은 비즈니스에서도 일어날 수 있다. 실제로 깨진 유리창을 수리해 긍정적인 결과를 얻은 기업이 적지 않다. 앞에서 말한 제트블루는 발벗고 승객들을 찾아나서는 모든 이들의 항공사라는 브랜드 이미지를 창출해 깨진 유리창을 예방할 수 있었다. 공항에서 개와 고양이를 옆에 둔 승객들이 사이 좋게 어울리는 제트블루 광고가 있다.

"이 공항은 항상 이런가요?"

"제트블루가 도착할 때만 그래요."

이 광고로 인해 제트블루는 승객들에게 좋은 이미지를 남길 수 있었다. 그 결과 항공권 판매가 늘고 수익이 증가했다.

깨진 유리창을 찾아내는 일은 어렵지 않다. 특히 깨진 유리창이 오랫동안 방치되어 있었다면 더욱 그러하다. 게다가 오늘날 깨진 유리창을 예방하고 수리하기 위해 애쓰는 기업은 많지 않다. 이럴 때일수록 초심을 잃지 말고 고객의 입장에서 생각하도록 더욱 노력하라.

언제나 처음처럼,
타깃

K마트가 붕괴하고 월마트가 난관에 봉착했을 때, 그동안 크게 알려지지 않았던 타깃이 가장 존경받고 신뢰받는 브랜드로 우뚝 솟아올랐다. 타깃은 깨진 곳 없이 깨끗하고 빛나는 유리창의 브랜드 이미지를 만들어나갔다. 매장 선반에는 가격 경쟁력을 지닌 상품들이 언제나 가득했다. 타깃은 고객을 생각하는 대형 마트로 브랜드 이미지를 구축해 나갔고 다른 기업들과 차별화되기 시작했다.

대형 마트에서 속도는 매우 중요하다. 저렴한 가격을 가장 우선시하는 고객들도 신속하게 쇼핑할 수 있기를 바란다. 그리고 타깃은 빠른 쇼핑을 구현해 냈다. 계산대에 줄이 길게 늘어서지 않도록 추가 계산원을 즉시 투입했다. 심지어 연말연시 대목에도 고객들은 빠르게 계산을 마칠 수 있었다. 게다가 계산대 줄이 사라지면서 고객들은 보다 넓은 공간에서 쇼핑할 수 있게 되었다. 고객들은 타깃이 아주 작은 마트였을 때와 똑같이 고객이 좀더 편하고 쾌적하게 쇼핑할 수 있도록 최선을 다하고 있다는 인상을 받았다.

타깃은 다른 대형 마트처럼 깨진 유리창에 희생되지 않았다.

지저분한 환경과 저임금을 받는 의욕 없는 직원들을 용납하지 않았다. 타깃은 경쟁사보다 깨진 유리창을 빠르게 수리하고 한 단계 높은 고객서비스를 제공했다. 그 결과 고객에게 집단 소송을 당하거나 법정관리를 요구하지 않아도 되었다.

타깃은 누구나 인지할 수 있는 거대한 깨진 유리창뿐 아니라 잘 보이지 않는 작은 깨진 유리창에도 똑같이 관심을 쏟았다. 새로운 시장으로 영역을 확대해 나가면서도 결코 초심을 잃지 않았다. 반면 많은 기업들은 규모가 커지면서 깨진 유리창을 발견하고 수리하려는 태도를 잃어버린다. 체인점이 하나에서 두 개로, 두 개에서 여섯 개로, 한 주에서 미국 전역으로 확대되면 통제력이 약해지고 깨진 유리창은 더욱 많아진다. 그러나 타깃은 그렇지 않았다. 타깃은 미국 전역에 매장을 갖게 되었지만 처음과 마찬가지로 깨진 유리창을 예방하고 수리하는 데 최선을 다하고 있다.

기다리지 않고 즐길 수 있는 곳, 디즈니랜드

월트 디즈니가 마치 지구의 반을 소유하고 있는 것처럼 보인다는 사실은 잠시 잊어버리자. TV 방송사, 소매업체, 의류업체 등 수

많은 디즈니 자회사들에 대해서도 잠시 잊어버리자. 여기서는 월트 디즈니의 핵심 사업인 가족오락 및 테마파크에만 초점을 맞춰 보자.

플로리다, 캘리포니아, 그리고 세계 각국에 흩어져 있는 디즈니랜드에서 하루를 즐긴다고 상상해 보라. 그곳에는 깨진 유리창이 없다. 결벽증에 걸린 사람들이 청소한 것처럼 깨끗한 거리엔 사탕 껍질 하나 굴러다니지 않는다. 직원들은 고객들의 문제를 즉시 해결해 준다. 그들은 자신의 일에 열정을 갖고 있다. 그들은 고객을 우선시하는 일을 가장 중요하게 생각한다. 만약 고객에게 문제가 발생했는데도 직원들이 해결해 주지 못했다면 그것보다 큰 잘못은 없다고 생각한다. 디즈니랜드를 방문한 고객들은 즐거울 권리가 있기 때문이다. 이러한 철학이 모든 직원들의 머릿속에 박혀 있다.

사실 완벽한 것은 존재하지 않는다. 사람이 날씨를 조절할 수는 없다. 디즈니랜드만 덥지 않고 맑은 날씨가 계속되도록 할 수는 없다. 하루에 수만 명의 고객이 디즈니랜드를 찾는다면 줄이 길어질 수밖에 없다. 비슷한 시간에 비슷한 놀이기구에 사람들이 몰리게 마련이다. 그럼에도 불구하고 디즈니랜드에서는 고객에게 보다 편리하고 즐거운 경험을 제공하기 위해 줄의 길이를 줄이려고 끝없이 애쓰고 있다.

몇 년 전부터는 '패스트패스Fast Pass' 제도를 도입해 방문객들이 자리를 예약할 수 있도록 만들었다. 기계에 입장권을 넣으면 예약 시간이 찍혀 나온다. 고객들은 다른 놀이기구를 먼저 즐긴 후 다시 돌아와 줄을 서지 않고 예약된 놀이기구를 탈 수 있다. 디즈니랜드의 가장 큰 깨진 유리창은 더운 날 가족들이 4분짜리 놀이기구를 타기 위해 한없이 기다려야 한다는 것이었다. 해결책은 간단했다. 디즈니랜드가 고객들에게 즐거운 하루를 만들어주려 강박적으로 노력하고 있다는 점을 행동으로 보여주는 것이었다.

월트 디즈니 영화사 역시 같은 태도를 취하고 있다. 당신은 디즈니 가족영화에 대해 브랜드 이미지를 가지고 있을 것이다. 디즈니 가족영화에는 어린이에게 유해한 내용이나 장면이 없다. 이러한 원칙은 창립자 월트 디즈니에 의해 만들어진 것이다. 물론 디즈니에서 제작하는 성인 대상 영화에서는 그렇지 않다. 그러나 가족영화에서만큼은 이러한 원칙이 여전히 철저하게 지켜지고 있다.

디즈니 역시 다른 대기업처럼 문제를 갖고 있다. 그러나 핵심 사업에서만큼은 창립 당시의 원칙을 지키며 깨진 유리창을 신속히 수리해 나가고 있다.

구글하세요?

고객은 아주 작은 것 때문에 당신 회사를 선택한다

구글을 사용하는 것은 야후나 알타비스타 등 다른 검색 엔진을 사용하는 것과 크게 다르지 않다. 속도, 정확도, 검색량의 차이도 그리 크지 않다. 특별한 서비스 혜택이나 화려한 마케팅도 없다. 구글은 검색 속도에서 2초 더 빠르고, 부적절한 검색 결과가 몇 개 더 나열되는 것 같은 아주 작은 실수를 하지 않도록 노력할 뿐이다. 아주 작은 차이다. 하지만 결과는 크게 다르다.

'검색한다'가 아니라
'구글한다'

　세계에는 성공적인 기업들이 많다. 그러나 기업의 이름이 동사처럼 사용되는 경우는 거의 없다.

　"코카콜라 하세요?" "소니 하세요?" "BMW 하세요?" "맥도날드 하세요?"라고 말하지는 않는다. 그러나 사람들은 "구글한다"라고 말한다. 당신은 구글을 통해 이 책을 소개받았는지도 모르겠다.

　구글은 작은 검색 엔진으로 시작해 주가 총액이 수십 억 달러에 이르는 대기업으로 성장했다. 이제 누구나 이름만 들어도 구글이 어떤 서비스를 제공하는 기업인지 알게 되었다. 당신이 업무상 만나는 사람들에게 구글을 아는지 묻는다면 그들은 고개를 끄덕일 것이다. 그들은 당신과 회의를 하기 전에 당신의 회사에 대해 구글을 했을 수도 있다.

사람들이 어떤 기업의 이름을 잘 알고 일상생활에서 동사처럼 자주 사용한다면 그 기업은 인지도가 매우 높은 것임에 틀림없다. 기업의 인지도는 비즈니스에서 매우 중요하다. 하지만 기업 이름이 동사처럼 사용된다고 해서 반드시 성공적인 기업이라는 법은 없다. 그러나 (엔론의 경우와 달리) 기업의 이름이 긍정적으로 사용되고 있다면 그 기업은 분명 깨진 유리창을 수리하는 데 뛰어날 것이다.

인터넷은 가장 뛰어난 정보 수집 도구이다. 이런 인터넷에서도 깨진 유리창이 발생한다. 특히 검색 엔진들에서는 많은 문제가 발생해 왔다. 정보를 찾을 수 없는 검색 엔진이라면 무슨 소용이 있겠는가? 또한 컴퓨터 사용자들에게 알려지지 않은 검색 엔진은 비즈니스 차원에서 무슨 소용이 있겠는가? 최근 수많은 검색 엔진들이 등장했다 사라지고 있다. 원래의 목적을 제대로 수행하지 못하는 검색 엔진들이 무수히 많다. 그러나 구글은 검색 엔진의 대명사로 위상을 높여왔다. www.google.com은 많은 사람들이 정보를 찾는 장소가 되었다. 구글은 다른 어떤 검색 엔진보다 나은 서비스를 제공한다.

그런데 무료로 정보를 제공하는 검색 엔진 분야에서도 뛰어난 서비스는 중요한 것일까? 그리고 구글은 어떻게 다른 검색 엔진보다 뛰어난 브랜드로 인식될 수 있었을까? 구글은 과연 어떤 점에서 익사이트^{Excite}, 야후, 알타비스타, 마젤란^{Magellan}, 애스크 지브즈^{Ask Jeeves}보다 뛰어날까?

1990년대 들어 검색 엔진은 폭발적으로 생겨났다. 그리고 가정용 및 비즈니스용 인터넷 수요가 급증했다. 초고속 정보통신망(정보 슈퍼 하이웨이 또는 정보 고속도로. 1999년 미국 대통령 선거에서 클린턴과 고어 진영이 선거 공약으로 제창한 정보화 전략. 고속도로처럼 빠르고 쉽게 정보를 얻고자 하는 것이 목적)에 대한 수요도 분명해졌다. 그러나 한편으로 인터넷 사용자들은 모든 정보를 순식간에 얻을 수 있다는 검색 엔진들에서 깨진 유리창을 발견하기 시작했다.

검색 엔진들은 고객이 요구하는 바를 제대로 이해하지 못하는 경우가 많았다. 어떤 검색 엔진은 검색어에 작은따옴표를 붙이지 않으면 혼돈을 일으켰다. 대문자를 사용하면 검색이 되지 않았다. 검색어가 잘못 해석되는 경우도 있었다. 그러나 사용자들은 누구에게도 도움을 청할 방법이 없었다.

검색 엔진들은 자신의 웹사이트 조회수가 늘어나길 바란다. 그래야 대기업의 광고를 실을 수 있고 수익을 올릴 수 있다. 그러나 수많은 검색 엔진에서 똑같은 정보를 동시에 제공하기 때문에 브랜드 인지도를 높이는 것은 쉽지 않은 일이다. 차이는 깨진 유리창의 수와 종류에서 생기게 된다. 느린 속도, 문제조차 이해하지 못하는 프로그램, 깨진 유리창이 많은 검색 엔진은 자연히 도태될 가장 좋은 광고는 만족한 고객이다.

- 필립 코틀러Philip Kotler, 기업인, 켈로그경영대학원 석좌교수

것이다. 소수의 검색 엔진만이 살아남을 수 있다.

이런 상황 속에서도 구글은 동사로까지 사용되는 영광을 얻었다. 구글은 검색 엔진 분야의 후발주자로서 이전 검색 엔진들의 경험에서 많은 교훈을 얻었다. 구글을 설립한 세르게이 브린Sergey Brin과 래리 페이지Larry Page는 사용자들이 기다리기를 싫어한다는 사실을 잘 알고 있었다. 어떤 정보든 신속하게 제공되어야만 했다. 인터넷의 흐름과 속도가 무엇보다 중요했다. 구글은 빨라야만 했다. 또한 구글은 정확해야만 했다.

창립자들은 작은 것에도 지나치게 민감해지기로 결심했다. 사용자가 구글에 정보를 물으면 (40억 사이트 이상을 스캔해) 요청한 검색어를 가진 웹사이트를 모두 보여준다. 때론 효율성을 높이기 위해 사이트 수가 한정되어 보여질 수도 있다. 그러나 당신이 원한다면 구글은 아무리 길다 해도 전체 목록을 보여준다.

수백만 명의 인터넷 사용자들이 어떻게 구글을 다른 검색 엔진과 다르다고 생각할 수 있었을까?

구글은 TV 광고가 아니라 입소문과 효과적인 마케팅을 통해 알려졌다. 구글은 관련 사이트에서 검색 엔진을 제공할 때 '구글로 힘을 얻으세요Powered by Google'라는 로고가 눈에 잘 띄도록 했다. 그 결과 많은 사이트에 독자적인 검색 엔진을 만드는 대신 구글을 이용하는 편이 훨씬 낫다는 메시지를 은연중에 전할 수 있었다.

인터넷 사용자의 입장에서도 구글은 탁월하다. 아주 작은 부분이라도 다른 검색 엔진보다 분명 뛰어나다. 그것이 구글을 차별화시켰다. 구글은 다른 검색 엔진보다 깨진 유리창이 적었다.

구글의 성공 비결

1. 구글은 빠르다. 최근 대부분의 검색 엔진이 매우 빠르다. 그러나 구글이 조금 더 빠르다. 그 차이를 모르겠다면 구글의 검색 결과 첫 페이지에 명시된 (약 0.35초의) 검색 시간을 확인하라.

2. 구글은 정확하다. 구글은 검색 결과에서 검색어를 진하게 표시해 준다. 그러므로 검색어를 잘못 입력한 경우 당신은 금세 잘못을 깨닫게 된다.

3. 구글은 쉽다. 적절한 결과를 찾지 못한 경우 '도움말'을 클릭하면 검색 절차를 명료하게 설명해 주고, 당신의 깨진 유리창을 수리할 수 있는 방법을 간결하게 제시해 준다.

4. 구글은 포괄적이다. 다른 검색 엔진들은 당신이 요청한 검색

어에 대해 상위 10개의 결과만 보여주는 경우가 많다. 당신은 상위 검색 결과에 만족하지 못할 경우에만 더 많은 결과를 보게 될 것이다. 그러나 구글은 처음부터 모든 검색 결과를 볼 수 있다. 다른 검색 엔진들과 달리 사용자가 검색 결과의 양을 결정할 수 있다.

5. 구글은 무료이다. 렉시스–넥시스Lexis-Nexis 같은 전문 사이트를 제외한 다른 모든 검색 엔진들도 무료로 운영되고 있다. 그러므로 고객은 조금이라도 나은 서비스를 제공하는 검색 엔진을 선택하게 된다.

홍보와 광고로
브랜드 이미지가 완성된다?

구글은 구체적이고 물리적인 제품을 다루지 않는다. 구글은 서비스를 제공한다. 그러므로 경쟁사보다 뛰어나기 위해서는 고객을 중심으로 생각해야만 했다. 현재 구글은 주간 방문자 수가 가장 많은 5개의 웹사이트 중 하나로 발돋움했다.

구글의 창립자와 경영진은 고객을 중심으로 생각하고 고객을 중심으로 행동했다. 그들은 (2초 더 기다리게 하고, 부적절한 검색 결과가 몇 개 더 나열되는 등의) 작은 실수가 사람들에게 강한 인상을 남길 수 있다는 사실을 잘 알고 있었다. 그들은 그러한 잘못을 하지 않으리라 마음먹었고 가장 작은 깨진 유리창까지 최대한 빨리 수리했다.

구글은 고객과 직접적인 접촉을 하지 않는다. 사용자들은 자신의 문제를 도와주는 상담원을 온라인으로도 만날 기회가 거의 없다. 그러므로 구글 스스로 고객의 입장에서 운영을 해야 했다. 고객과 직접적인 접촉 없이 고객과의 약속을 이행해야 했다. 탁월한 검색 서비스로 승부해야 했다. 반복해서 방문하는 사용자들에게 한결같은 서비스를 제공해야 했다. 그렇게 못한다면 사용자들은 다시 찾아오지 않을 것이다.

구글은 서비스를 제공하는 비즈니스에서 매우 보기 드문 성공 사례이다. 사람들에게 "구글하세요?"라고 물어보라. 구글을 하지 않는 사람들조차 당신의 말뜻을 이해할 것이다. 그리고 대부분은 구글에 관해 부정적인 의견을 말하지 않을 것이다. 그렇다고 다른 검색 엔진의 서비스가 형편없다는 말은 아니다. 사실 구글을 사용하는 것은 다른 검색 엔진을 사용하는 것과 크게 다르지 않다. 속도, 정확도, 검색량의 차이가 그리 크지 않다. 그러나 아주 약간의 차이 때문에 고객들은 구글을 선택한다. 그리고 이 사소한 차이를 고객은 결코 사소하게 느끼지 않는다. 상당히 큰 차이로 느끼게 되는 것이다.

사람들은 인터넷 검색을 하면서 "알타비스타한다"나 "야후한다"고 말하지 않는다. 구글은 고객에게 브랜드 이름 이상의 의미를 갖는다. 구글은 고객의 마음에서 다른 어떤 검색 엔진보다도 우위를 차지하고 있다.

이런 인지도를 얻기 위해 구글은 얼마나 많은 돈을 마케팅에 투자했을까? 놀라지 마라. 구글은 대대적인 광고나 홍보 없이 브랜드 이미지를 구축해 냈다. 구글은 뛰어난 검색 서비스 하나로 고객의 마음을 얻는 데 성공했다. 구글의 성공은 인터넷 비즈니스뿐만 아니라 모든 비즈니스 분야에서 완벽한 업무 수행과 깨진 유리창 수리가 얼마나 중요한지를 보여주고 있다. 구글은 고객과의 약속을 소홀히 한 채 광고와 홍보로만 브랜드 이미지를 만들어나가려는 기업들에게 경종을 울려준다. 스스로 대단한 사회적 기여를 한다고 믿으며 이를 떠벌리느라 비즈니스의 작은 부분까지 주의를 기울일 여력이 없는 기업이 있다면 구글에게 한 수 배워야 한다.

고객과 직접적인 접촉을 하지 않으면서도 전 세계를 정복한 인터넷 기업 구글은 가장 작은 것을 소중하게 여김으로써 가장 큰 성공을 거둘 수 있다는 교훈을 남겼다. 당신도 구글의 경영 방식에서 많은 교훈을 얻을 수 있을 것이다.

인터넷의
깨진 유리창

사실과 다른 이미지나 정보로 고객을 현혹하지 마라

맥도날드가 한창 내리막길을 걷고 있을 때 그 이유에 대해 말콤 글래드웰은 "맥도날드 매장과 TV 광고의 이미지는 너무나 차이가 심해 고객은 더욱 실망하게 된다. 고객이 기대했던 맥도날드는 존재하지 않는다"고 지적했다. 기업의 긍정적인 면을 부각시키는 건 효과적이다. 하지만 사실만을 다루어야 한다. 비현실적인 과장은 치명적인 깨진 유리창이다.

느린 홈페이지는
차라리 없는 게 낫다

━━━

　오늘날 인터넷은 가장 완벽하고, 보편적이고, 포괄적인 정보 소스이다. 당신은 인터넷을 통해 필요한 정보를 수 초 만에 얻을 수 있다. 또 당신이 원하는 정보를 여과 없이 빠르고 저렴하게 알릴 수 있다.

　인터넷이 완벽한 도구처럼 생각되는가? 그러나 인터넷에는 사실 깨진 유리창이 가득하다. 당신의 홈페이지에 잘못이 있는 경우, 즉 구성이나 디자인이 제대로 되어 있지 않다면 방문자들은 정보를 쉽게 찾을 수 없어 화를 내게 된다. 고객이 분노하며 더 이상 당신의 제품을 사용하지 않기로 결심할 때까지, 당신은 문제를 인식조차 못한다.

　상상해 보라. 고객이 매장에서 제품을 구입한 후 집으로 가져와 포장을 뜯고 조립을 시작했다. 그리고 작은 볼트 하나가 빠져 있다는 사실을 발견했다. 그는 문제 해결을 위해 고객상담실에 전화를 거는 대신 홈페이지에 들어간다. 이 경우 고객은 실제 직원과 상호작용을 할 수 없기 때문에 여러 가지 면에서 깨진 유리창이 발생할 가능성이 높다. 제품이나 서비스를 구매한 고객을 매장에서 혹은 전화로 접촉하는 것과 홈페이지나 이메일로 접촉하는 것은 매우 다르다.

고객은 우선 당신의 홈페이지를 찾아야 한다. 오늘날 대부분의 기업은 광고물이나 포장지에 홈페이지 주소를 적어두고 있다. 고객은 포장 상자나 매뉴얼에서도 홈페이지 주소를 발견할 수 있을 것이다. 반대로 고객이 홈페이지 주소를 찾는 데 애를 먹는다면 이것은 심각한 깨진 유리창이다.

이제 고객은 포장지나 구글 같은 검색 엔진에서 당신의 홈페이지 주소를 찾았다. 그는 홈페이지에 접속해 고객서비스센터를 클릭할 것이다. 이때 두 가지 깨진 유리창이 발견될 수 있다. 고객서비스센터를 찾기 어렵거나 혹은 아예 없거나. 고객은 자신의 돈을 투자한 제품이나 서비스에서 이미 문제를 발견한 상태이기 때문에 그리 마음이 관대하지 않다. 그는 쉽게 분노할 것이다.

반대로 당신 회사의 홈페이지 주소와 고객서비스센터가 찾기 쉽게 만들어져 있다고 가정해 보자. 그러나 이때도 깨진 유리창이 발견될 수 있다. 많은 경우 고객서비스 페이지는 '연락처'와 관련되어 있고, 고객의 의견을 접수할 대표 이메일 주소만 적혀 있을 뿐이다. 이 경우 고객은 자신의 문제를 신속하게 해결할 수 없다고 생각하고 더욱 좌절하고 분노한다. 이 간단한 문제가 해결될 때까지 수일 혹은 수주가 걸릴지도 모른다. 이것이 과연 초고속 정보통신망인가? 고객들에게는 오히려 막다른 골목으로 가는 비포장도로처럼 느껴질 것이다.

고객서비스 페이지에서는 말 그대로 고객서비스를 제공해야 한다. 홈페이지에서 문제를 해결하고픈 고객이 즉시 그 해답을 얻을 수 있어야 한다. 인터넷은 1초에 수백만 개의 메시지를 보낼 수 있는 시스템이다. 그런데도 오프라인보다 문제 해결 속도가 늦다면 그것은 분명 커다란 깨진 유리창이다.

홈페이지를 찾은 고객이 기업에 이메일을 보낼 수 있는 링크를 마련해야 한다. 그리고 옛날 방식을 좋아하는 고객을 위해 주소와 전화번호도 함께 적어두어야 한다. 그러나 연락처만으로 고객서비스 페이지 전체를 채울 수는 없다. 다음 세 가지를 포함해 고객의 문제 해결을 실질적으로 도와주어야 한다.

첫째, '자주 묻는 질문FAQ' 링크를 만들어야 한다. 자주 문의되고 쉽게 해결될 수 있는 문제들의 목록을 만들고 이에 대한 해답을 간단명료하게 적어둔다. 둘째, 기업에서 판매하고 있는 모든 제품의 상세 설명이 필요하다. 제품별로 사용 방법을 자세히 적고, FAQ를 만들고, 부품 주문란을 마련한다. 셋째, 재정이 허락하는 선에서 실시간 상담을 해주는 직원을 배치해야 한다. 대부분의 대기업이 전화 상담과 인터넷 상담을 함께 제공한다. 고객서비스 담당 직원들은 메신저를 통해 고객의 질문에 즉각 응답한다. 그들은 고객과 실시간으로 의사소통을 할 수 있다. 그러나 이는 비용이 많이 드는 서비스이다. 중소기업의 경우 경제적으로 어려울 수도 있다. 그러나 이미 전화 상담 직원이 있다면 추가 비용을 들이지 않고 이들에게 인터넷 상담도 맡길 수 있다. 아마도 그들은 이미 자신의 컴퓨터 터미널을 가지고 있을 것이다.

대부분의 경우 고객은 이미 구입한 제품이나 서비스에 문제가 생겼을 때 고객서비스센터를 찾는다. 중요한 것은 고객이 문제를 갖고 있고 그것을 당장 해결하고 싶어한다는 사실이다. 그는 제품을 구입한 매장을 다시 찾거나 편지를 써 보낼 수도 있었다. 그러나 가능한 빨리 해답을 얻고 싶어하는 바람으로 전화나 온라인을 선택했다.

정확한 정보만을
제공하라

━━━

많은 사람들이 (복잡한 음성녹음 메시지, 오랜 대기 시간, 무뚝뚝하고 알아듣기 힘들게 말하는 고객서비스 상담원 등과 같은) 불쾌한 전화 상담 경험 때문에 홈페이지를 방문하게 된다. 그러므로 무의식적으로 부정적인 기대를 하게 되는 고객에게 기업은 효율적이고 만족스러운 온라인 고객서비스를 제공해야 한다.

고객이 특별한 목적 없이 홈페이지를 방문했을 경우를 생각해 보자. 당신이 가장 의사소통하고 싶은 사람은 고객일 것이다. 당신은 홈페이지를 통해 고객에게 좋든 나쁘든 메시지를 보내게 될 것이다. 당신의 홈페이지를 방문한 고객은 과연 무엇을 발견하게 될까? 홈페이지에 난해한 정보들이 체계 없이 나열되어 있다면 어떤 인상을 받게 될까? 가장 기본적인 정보인 주소, 전화번호, 사업 설명이 제대로 되어 있지 않다면 어떤 인상을 받게 될까? 불친절하고 비효율적이라는 인상을 받게 된다면 어떤 결과가 야기될까?

고객이 당신의 홈페이지에 접속할 때마다 당신은 **일관성 있는 메시지를 전달해야 한다.** 홈페이지가 회사를 사랑하는 사람들에 의해 디자인되고 운영되고 있으며, 깨진 유리창은 없다는 인상을 주어야만 한다. 작은 부분 하나 하나까지 정확해야 한다. 홈페이지에 게시하기 전에, 고객들에게 공개하기 전에 모든 정보를 철저히 검토해야 한다.

고객에게 **허황된 정보를 주어서는 안 된다.** 예를 들어 맥도날드 TV 광고에는 환하게 웃는 직원들이 빛나는 매장에서 완벽한 음식을 제공하고 있다. 그러나 현실은 그렇지 않다. 홈페이지에서는 청결한 이미지를 강조해 놓고 현실에서는 그렇지 못하다면 고객의 기대가 무너질 것이다. 이러한 깨진 유리창은 비즈니스에 치명적이다.

소비자의 선택 요인에 관한 전문가이자 『티핑 포인트』의 저자인 말콤 글래드웰Malcom Gladwell은 "맥도날드 매장과 TV 광고의 이미지는 너무나 차이가 심해 고객은 더욱 실망하게 된다. 고객이 기대했던 맥도날드는 존재하지 않는다"고 지적한다. 마찬가지로 홈페이지에서 비현실적으로 과장된 이미지를 선전하는 경우 고객은 현실에서 더 큰 실망을 하게 된다. 그러므로 기업의 긍정적인 면을 강조하되 사실만을 다루어야 한다. 비현실적인 과장은 치명적인 깨진 유리창이다.

또한 홈페이지의 모든 내용은 **이해하기 쉬워야 한다.** 사람들은 이제 정보기술에 놀랄 만큼 친숙해져 있다. 그러나 아직도 HTML의 기초를 이해하지 못하는 사람들이 대부분이다. 그들이 몇 번의

깨진 유리창 법칙

간단한 클릭으로 원하는 정보를 얻을 수 있도록 하라. 상업적인 홈페이지일수록 이용법은 간단해야 한다.

고객이 당신의 홈페이지를 방문하는 이유는 다양하다. 그들은 제품, 지점 안내, 구인 광고, 연락처, 회사 역사, 고객서비스 등에 관한 정보를 얻기 위해 홈페이지를 방문한다. 이 모든 정보는 이해하기 쉽도록 간단명료해야 한다. 이는 고객이 바보이기 때문이 아니라, 고객에게 즐겁고 편안한 경험을 주기 위해서이다.

모든 정보를 초등학교 2학년 수준으로 써놓으라는 말이 아니다. 필요 이상으로 복잡하게 쓰지 말라는 뜻이다. 디자인도 중요하다. 보기 편안하고 속도도 고려해야 한다.

반드시 필요한 정보가 빠진 것도 홈페이지의 깨진 유리창이다. 특정 업무를 담당하는 직원에게 이메일을 보내기 위해 홈페이지를 방문했다면, 그 사람의 이메일 주소나 적어도 그 사람과 연락을 취할 수 있게 도와줄 수 있는 대표 이메일 주소를 찾을 수 있어야 한다. 홈페이지에서도 정보를 얻을 수 없다면 고객은 좌절할 것이다.

당신이 다른 회사 홈페이지를 방문했을 때 받았던 긍정적이거나 부정적인 경험들을 떠올려 보라. 당신의 회사 홈페이지에 긍정적인 요소를 강화하고 부정적인 요소를 통제하라. 홈페이지에 게시하기 전에 모든 것을 시험 평가하라. 홈페이지를 고객의 입장에서 주기적으로 방문해 보라. 모든 링크가 제대로 작동하고 있는지 확인하라. 문의를 하거나 불편사항을 신고하는 이메일을 보내 처리 과정을 확인하라. 새로운 제품이 업데이트되고 있는지 알아보라.

많은 사람들이 홈페이지를 통해 당신의 회사와 처음 만난다. 그들에게 나쁜 첫인상을 남기지 마라.

고객이 원하는 홈페이지를 구축하려면

- 기업 홈페이지는 고객서비스가 제공되고, 고객과 접촉하는 매우 중요한 곳이다. 고객이 알아야 할 모든 정보를 제공하라.

- 홈페이지의 구성과 디자인은 간단명료해야 한다. 방문자가 쉽게 (가능하면 즐겁게) 이용할 수 있어야 한다.

- 24시간 상담원이 직접 도움을 줄 수 없다면 고객의 문의에 가능한 빨리 대답할 수 있도록 이메일과 무료 전화 상담 서비스를 추가로 마련해야 한다.

- 고객에게 허황된 기업 이미지를 심어주지 마라. 홈페이지에 지킬 수 없는 약속이나 실제보다 멋져 보이는 사진을 올려 고객을 속이게 되면 그 결과는 뻔하다.

대중의 감시

고객이 모든 것을 결정한다

VHS보다 효율적이고 수명이 긴 소니의 베타멕스가 많은 전문가들의 전망과는 다르게 참담하게 실패했던 이유는 무엇일까? 모든 이가 외면했던 〈심슨 가족〉은 어떻게 최장수 TV 프로그램이 될 수 있었을까? 어디에서도 볼 수 없었던 새로운 형식의 드라마 〈칩 록〉에 시청자들이 냉담했던 이유는 무엇일까?

고객은 당신의 실수를 안다.
말하지 않을 뿐

 지난 몇 년간 많은 극장 체인들이 수익을 위해 TV 광고를 틀고 있다. 전에는 불이 꺼지고 영화가 시작되기 전이면 다음 상영작의 예고편이 나왔다. 그러나 이제는 탄산음료, 자동차, 의류 등의 상품 광고가 나온다. 프리랜서 작가인 내 친구 코헨은 이를 몹시 못마땅해하며 내게 말했다.

 "나는 TV 광고를 보려고 극장에 간 게 아니다. 그랬으면 집에서 무료로 봤을 것이다."

 영화광인 그의 불평은 대단했다.

 얼마 후 코헨은 영화 상영 전 다음 개봉작 예고만 하고 TV 광고는 하지 않는 극장을 하나 찾아냈다고 좋아했다. 그리고 그곳의 단골이 되었다. 나아가 그는 이웃들에게 (그리고 이웃이 아닌 나같은 친구들에게까지) 그 극장에 대해 말해주었고, TV 광고를 하지 않는 극장을 찾아가야만 한다고 주장했다.

상영 전 TV 광고를 트는 것이 바로 깨진 유리창 아닐까? 물론 TV 광고를 튼 것만으로 극장이 작은 부분에 관심을 갖지 않고 고객의 욕구를 등한시한다고 주장하기는 힘들다. 그러나 고객들은 극장이 고객을 배려하기보다는 수익을 올리는 데만 급급하다는 인상을 받게 될 것이다.

어느 극장에서 보건 영화는 똑같다. 그러므로 단골 고객을 만들기 위해서는 고객서비스가 가장 중요하다. 코헨 한 사람이 다른 극장을 선택했다고 해서 전에 그가 다니던 극장이 큰 영향을 받지는 않을 것이다. 극장 주인은 코헨이 누구인지도 모를 것이다. 그러나 코헨 외에도 많은 사람들이 TV 광고를 맘에 들어하지 않았다면 상황은 달라진다. 글래드웰이 말한, 신조류가 형성되는 '티핑 포인트'가 발생할 것이다.

모든 비즈니스에서 최종 결정자는 고객이다. 그들이 제품과 서비스에 대한 돈을 지불한다. 할리우드의 영화배우들은 관객 동원 수에 따라 흥망성쇠를 반복한다. 정치인은 선거 득표수에 따라 좌지우지된다. 최고 득표를 한 후보만이 당선되고 국가와 사회에 봉사할 기회를 얻는다.

당신의 실수를 다른 사람들이 알아차리지 못한다고 생각한다면 그건 자살 행위이다. 결코 당신이 실수한 것을, 당신이 사소하다고 간과한 것을 고객들도 알아차리지 못하리라고 방심하지 마라. 그들은 문제를 발견하고, 계속 당신의 제품이나 서비스를 찾을지 이미 고민하고 있다.

출판업자 제이슨 빈은 아무리 사소해 보이는 실수도 고객은 알아차린다고 주장했다.

"당신이 한 모든 일들은 도미노 효과를 가진다. 당신이 전날 입은 재킷과 넥타이를 옷걸이에 걸어놓지 않고 그냥 방을 나왔다고 하자. 다른 사람이 방에 들어가 보고는 당신이 신변을 깨끗이 하지 않는다고 지적하기 전까지 당신은 문제를 인식조차 하지 못할 것이다."

오랫동안 홍보 관련 비즈니스에서 일하는 동안 나는 기업 이미지에 대해서 제대로 알게 되었다. 대부분의 기업은 긍정적인 이미지를 유지하기 위해 많은 노력을 기울이고 있다. 그러나 고객이 그동안 구축해 온 이미지와 전혀 다른 무언가를 기업에서 발견한다면, 지금까지의 노력은 물거품이 되고 말 것이다. 이미 고객에게 보여진 것을 가릴 방법은 없다. 이제 기업은 문제 노출로 인한 손해를 만회하기 위해 최선을 다할 수밖에 없다. 손해를 만회하는 것은 손해를 예방하는 것보다 분명 비용과 노력이 훨씬 더 많이

든다.

전문가의 예상을
맹신한 결과

　1980년대 비디오테이프를 놓고 벌어졌던 치열한 전투를 떠올려보자. 바로 VHS 대 소니 베타맥스의 경쟁이었다. 당시 베타맥스가 보다 효율적이고 보다 수명이 길다는 사실은 누구나 인정하고 있었다. 게다가 베타맥스는 VHS보다 먼저 출시되었다. 그러나 베타맥스는 시장을 점령하지 못했다. 많은 전문가들의 전망과 달리 참담하게 실패했다.

　그 이유는 무엇일까?

　베타맥스의 작은 크기가 바로 깨진 유리창이었다. JVC와 파나소닉의 모회사인 마츠시다가 공동 개발한 VHS 카세트는 베타맥스보다 커서 더 많은 테이프를 감을 수 있었다. 베타맥스는 90분 녹화가 가능한 반면 VHS는 표준 속도로 2시간까지 녹화가 가능했다. 전문가들의 견해와는 달리 소비자들에게는 녹화 시간이 매우 중요했다.

　보다 뛰어난 화질을 자랑하던 베타맥스는 몇 년 후 시장에서

　　　　　　　　　　　　　　　　　깨진 유리창 법칙

완전히 사라지고 말았다. 그러나 VHS는 심지어 DVD가 등장한 이후에도 존속하고 있다. 이 사례에서 알 수 있듯이 소비자가 깨진 유리창을 결정한다. 소니는 좋은 품질의 제품을 개발했지만 고객이 원하는 것이 무엇인지 알지 못했다. 기업이 고객의 요구를 듣지 않고 스스로 고객의 요구를 결정하려고 했기에 얼마 가지 못해 붕괴하고 말았다.

폭스 네트워크Fox Network는 미국 일부 지역에서만 방송을 하는 작은 방송사에서 시작했다. 대부분의 밤 시간대에는 방송을 하지 않았고 CBS, ABC, NBC 같은 3대 방송사처럼 영문 이니셜도 없는 보잘것없는 방송사였다.

그러나 폭스 네트워크는 전혀 새로운 형식의 프로그램을 기획하고 있었다. 성인을 위한 애니메이션 시트콤이었다. 분명 획기적인 계획이었다. 그들이 계획하고 있는 프로그램은 〈코스비 가족〉처럼 따뜻한 가족애를 이야기하지 않는다. 또 만화는 원래 아이들 프로그램이 아니었던가?

1989년 〈심슨 가족〉이 방영되기 시작했을 때 할리우드는 관심조차 기울이지 않았다. 그러나 〈심슨 가족〉이 인기를 얻기 시작하자 할리우드는 혼란에 빠졌다. 이 말도 안 되는 프로그램이 인기를 얻은 이유를 어디서 찾아야 할지 알 수 없었다.

〈심슨 가족〉은 전례 없는 대단한 성공을 거두었고 하나의 문화

만약 당신이 고객에게

서비스를 제공하지 않는다면,

고객에게 서비스하고 있는 사람에게

서비스해야 한다.

- 카를 한스 알브레히트Karl Hans Albrecht,
  기업가, 알디Aldi의 창업자

현상으로까지 여겨졌다. 〈심슨 가족〉은 역대 그 어느 코미디 프로그램보다 큰 영향력을 발휘했고, 수십억 달러의 수익을 올리며 폭스 네트워크를 대형 방송사로 끌어올렸다. 그리고 2005년, 〈심슨 가족〉은 방송 16주년을 맞는 최장수 TV 코미디 프로그램의 영예를 안았다.

한편 1990년, 거물 드라마 제작자인 스티븐 보치코Steven Bochco도 전혀 새로운 장르에 도전했다. 〈힐 스트리트 블루스〉 같은 인기 드라마를 제작했던 그는 새로운 형식의 경찰 드라마에 도전하고 싶었다. 〈캅 록Cop Rock〉에서 경찰관은 자신의 감정을 노래로 표현한다. 보치코는 랜디 뉴먼Randy Newman 같은 유명한 작곡가를 영입해 OST 곡들을 만들었다.

〈캅 록〉은 이전에는 볼 수 없었던 새로운 형식의 드라마였다. 그러나 슬프게도 1년도 채 안 되어 막을 내려야만 했다. 〈캅 록〉의 방송을 승인한 경영진들은 화려한 경력을 가진 혁신적인 제작자를 신뢰했을 것이다. 그러나 결과는 좋지 않았다. 〈심슨 가족〉의 새로움에 열광하던 시청자들이 〈캅 록〉에는 냉담한 반응을 보였다. 〈캅 록〉은 깨진 유리창이었을까? 비즈니스 면에서는 꼭 그렇지만은 않다. 방송사는 기존의 방식과 전혀 다른 프로그램을 선보일 기회를 가졌기 때문이다.

그러나 분명 프로그램 개발 과정 중에 깨진 유리창이 있었을 것이다. 대본을 검토하고, 시험 방송을 분석하고, 줄거리를 논의하고, 시청자의 반응을 예상하는 도중 어디선가 깨진 유리창이 발생했을 것이다. 아마도 이 과정에서 용기 있게 잘못을 지적한 사람이 없었거나, 아니면 그 의견을 상부에서 수용하지 못했을 것이다. 결국 시청자들은 〈캅 록〉이 너무 혁신적이고 너무 전위적인 프로그램이라 생각했고, 더 이상 다가가지 못하고 등을 돌려버렸다.

당신이 고객이 원하는 것을 결정할 수는 없다. 그렇기 때문에 자신이 원치 않는 것이 무엇인지 말하는 고객들의 목소리에 귀를 기울여라. 고객들이 항상 자신이 원하는 걸 알고 있는 것은 아니다. 그들이 정확히 알고 있는 것은 오히려 자신이 원하지 않는 것들이다. 고객을 향해 눈을 크게 떠라.

이 말은 모든 고객의 질문에 답하고 언제나 문제를 해결해 줄 수 있는 상담원을 구하라는 뜻이 아니다. 당신이 원하는 고객이든 아니든 계속해서 그들을 살피고 그들에게 질문하고 그들의 '대답'에 귀를 기울이라는 뜻이다. 쓴소리가 오히려 약이 될 수 있다. 고객에게 좋은 소리만 듣고 싶어한다면 성공은 불가능하다.

고객이 깨진 유리창을 지적할 때까지 기다려서는 요즘 같은 경쟁시대에 생존할 수 없다. 한 고객이 깨진 유리창을 언급한다면 이미 1,000여 명의 고객들이 이를 인식한 것이다. 다만 말로 표현하지 않았을 뿐이다. 당신은 이미 수많은 충성스러운 고객을 잃은 상태이다.

그들을 붙잡고 싶다면 고객의 입장에서 객관적으로 문제를 찾아야 한다. 분명 고쳐야 할 문제들이 여기저기 숨어 있을 것이다.

누가 맥도날드를
위기에 빠뜨렸는가

고객과의 약속을 배신한 대가

그 많던 황금 아치 모양의 맥도날드 로고는 다 어디로 사라진 것일까? 몇 년 전까지만 해도 맥도날드는 전 세계 어디에서나 볼 수 있었다. 그러나 맥도날드는 이제 잊혀져가고 있다. 광우병 파동 때문도, 콜레스테롤 과다 섭취에 대한 의학계의 경고 때문도, 경기 침체로 외식 인구가 줄었기 때문도 아니다. 그렇다면 맥도날드는 왜 추락하게 된 걸까?

그 많던 맥도날드는
어디로 사라졌을까

1950년대 전후에 태어난 사람들은 맥도날드 없는 세상은 생각할 수 없었다. 황금 아치 모양의 맥도날드 로고는 언제 어디서든 만날 수 있는 상징이었고, 그것이 사라진 거리는 상상하기조차 힘들었다. 그런데 어느 날 갑자기 그런 일이 벌어졌다. 어떻게 그럴 수 있었을까? 바로 깨진 유리창을 무시했기 때문이다. 그러나 고객들은 깨진 유리창을 인식하고 있었다.

맥도날드는 미국의 모든 마을, 세계의 모든 국가, 지구의 모든 대륙에서 찾아볼 수 있지만 예전처럼 고객을 만족시키는 통합된 서비스를 제공하지 못하고 있다. 맥도날드는 자사의 철학을 저버리고 고객의 욕구에 무관심해졌다. 이러한 태도는 수많은 맥도날드 고객을 모욕하는 짓이다.

미시건대학의 국립품질연구센터에서는 미국품질협회와 컨설

팅회사 CFI그룹의 도움을 받아 해마다 분기별로 소비자만족지수를 조사한다. 2003년 2월 조사 결과에 따르면, 100점 만점의 소비자만족지수에서 맥도날드는 전년도에 비해 1.5점 하락한 61점을 받았다. 게다가 10년째 패스트푸드 부문 평균보다 5~10점 낮은 점수를 기록하고 있다.

1만 6,000명의 소비자가 음식, 서비스, 주문 과정에 대해 평가한 이 조사에서 타코벨은 전년 대비 1.5점, 도미노 피자는 2.7점, 웬디스는 2.8점 상승한 점수를 받았다. 최대 라이벌인 버거킹은 4.6점 상승해 맥도날드를 7점차로 가볍게 따돌렸다. 게다가 2002년 4월 《포춘》 기사에 따르면, 맥도날드는 6분기 연속으로 '실망스러운 수익'을 기록했다. 주가가 하락하면서 일리노이 주 본사에서는 경영진의 대규모 인사가 단행되었고, 급기야 2004년에는 '치즈 빅맥' 납품업체에서 '메뉴를 단순화'하기 위해 '슈퍼 사이즈'는 더이상 제공하지 않겠다고 선언했다.

세계 최대 기업 중 하나인 맥도날드가 지금 시련에서 헤어나지 못하고 있다. 지금 당신이 햄버거, 감자튀김, 청량음료를 팔고 있다면 맥도날드의 붕괴 소식은 무척 반가울 것이다. 하지만 기뻐하지만 말고 이 사례에서 교훈을 찾아야 한다. 맥도날드 같은 거대한 기업이 깨진 유리창 하나를 수리하지 못해 위기에 처했다. 우리는 어떤 교훈을 얻을 수 있을까?

맥도날드는 작고 기본적인 서비스에 철저하자는 기업철학을 표방하고 있었다. 그 중요성을 이미 알고 있었다. 맥도날드 본사에는 어떠한 상황에서도 '반드시 지켜야 할' 고객과의 약속들이 자랑스럽게 게시되어 있다. 빠른 서비스와 깨끗한 시설을 약속하고 있다. 그러나 아이러니하게도 소비자만족지수 조사 결과, 고객들은 이 두 가지 부분에 가장 많은 불만을 갖고 있었다.

반면 파파존스 피자는 맥도날드보다 가맹점은 훨씬 적지만 지난 몇 년간 가장 높은 소비자만족지수를 받았다. 2002년에 패스트푸드 체인 중 유일하게 소매 부문 평균보다 높은 78점을 받은 이후, 패스트푸드 부문 선두 자리를 놓치지 않고 있다. 패스트푸드 부문은 물론, 소매 부문 전체에서도 8년 연속 최하위를 기록한 맥도날드와는 대조적이다.

미국품질협회의 전 회장 잭 웨스트Jack West는 말한다.

"맥도날드의 가장 큰 약점은 서비스의 질이다. 고객들은 빠르고 편리한 서비스, 일정한 맛을 내는 제품, 저렴한 가격을 기대한다. 맥도날드는 분명 고객들의 기대를 충족시키지 못하고 있다."

맥도날드는
해피밀 장난감이 부족해서 무너졌다

이 모든 문제가 맥도날드만의 잘못은 아니다. 2001년과 2002년 유럽의 광우병 파동으로 소고기 소비가 급감하면서 햄버거 식당들은 심한 타격을 입었으며, 세계 경제의 침체로 일자리가 줄어들면서 외식하는 사람들도 줄어들었다. 콜레스테롤 과다 섭취가 심장병을 일으킨다는 의학계의 경고로 고기 소비가 감소하기도 했다. 이처럼 손을 쓸 수 없는 악재들이 있었다. 하지만 분명 기업에서 해결할 수 있는데도 불구하고 간과해 버린 문제들도 있었다.

고객만족도와 영업 실적이 하락(맥도날드는 상당수 국가에서 매장을 폐쇄할 계획이라고 발표했다. 몇 년 전만 해도 상상하기 힘든 일이었다)한 이유는 맥도날드 안에 있었다. 2001년의 소비자만족지수 조사 결과를 보자. 맥도날드 고객의 11%가 서비스에 만족하지 못했으며 이 가운데 70%는 불만을 항의했으나 처리되지 않아 더욱 화가 났다고 했다. 또한 서비스에 만족하지 못한 고객 중 절반 이상이 맥도날드를 찾는 횟수를 줄였으며, 자신의 불쾌한 경험을 10명 이상에게 이야기했다.

맥도날드 본사와 각 매장에는 '세계에서 가장 빠른 서비스를 제공하는 식당이 되겠다'는 기업목표가 써 있다. 또 '모든 고객이

단순히 경청하는 것만으로는
많은 것을 이룰 수 없다.
고객에게 당신이 경청했다는 것을
느낄 수 있게 해주어야 한다.

- 데이비드 래댁David Radac, 기업인

미소지을 수 있는 식당이 되겠다'고 다짐하고 있다. 그러나 100명 중 11명은 미소를 짓지 않는다. 불만사항이 제대로 처리되지 않았다고 항의한다. 다시는 방문하고 싶지 않다고 말한다. 분명 문제가 있다.

게다가 어린 고객들에게 해피밀 메뉴와 함께 주는 장난감이 부족하다. 사소한 일처럼 보이지만 절대 그렇지 않다. 맥도날드에서는 해피밀 장난감 광고를 대대적으로 해왔다. 수많은 어린 고객들이 광고에서 본 장난감을 받기 위해 맥도날드를 찾아간다. 그런데 장난감이 부족하다고 한다. 장난감을 받지 못한 아이들은 실망하고, 부모 역시 화가 날 것이다. 고객들 사이에서 불만의 목소리가 높아진다.

이 모든 것이 수리되지 않고 방치돼 있는 깨진 유리창들이다. 맨 처음 깨진 유리창이 수리되기를 기다리는 동안, 맥도날드에서는 점점 더 많은 유리창들이 깨지고 있다.

돌아와요,
레이!

맥도날드의 이름과 시스템을 매입해 전 세계적인 기업으로 성장시킨 레이 크록Ray Kroc. 무덤에서 그를 일으켜 맥도날드의 현재 모습을 보여준다면, 그를 두 번 죽이는 일이 될 지도 모른다. 크록이 방방곡곡 뛰어다니며 지켜내려 했던 맥도날드의 위생적이고 효율적인 시스템은 이미 오래전에 사라졌다. 정기적으로 소스 선반을 청소하지 않는 곳이 늘어났으며 불친절하거나 무심한 직원들이 여전히 근무하고 있다.

반세기 전 크록이 소리 높여 강조하던 원칙들이 무너져가고 있다. 믿을 수 있는 품질, 신속하고 친절한('공손'하지는 않더라도 적어도 '친절'은 해야 한다) 서비스, 깨끗하고 편안한 환경, 고객의 대다수를 차지하는 노동자에 대한 존경이 사라지고 있다.

지금이라도 맥도날드는 크록의 원칙들을 엄격하게 지켜나가야 한다. 최근 들어 맥도날드는 노인 종업원제 실시나 매장분위기를 바꾸기 위한 직원교육을 통해 빠르게 변화하고 있다. 그러나 고객의 부정적인 인식을 바꾸고 옛 명성을 되찾는다는 것은 쉽지 않은 일이다. 크록이 처음 샌 버나디노 햄버거 가게를 방문했던 1954년과 지금은 너무나 다른 세상이기 때문이다.

맥도날드에 일어난 일이 당신에게 일어나지 말라는 법도 없다.

강박관념과 강박행동의 힘
– 열정의 또다른 표현

24시간 매달리지 않으면 성공도 없다

스타벅스가 짧은 시간 내에 전 세계적으로 사랑을 받을 수 있었던 비결은 무엇이었을까? 양키스의 구단주 조지 스타인브레너가 50년 된 양키스 스타디움에 화장실이 충분한지 확인하고 또 확인했던 이유는 무엇일까? 줄리아니 시장은 왜 뉴욕 지하철에서 낙서가 완전히 사라질 때까지 편안히 쉴 수 없었던 걸까?

'대충, 적당히'의
함정

　일상생활에서 강박증으로 고생하는 사람들이 있다. 이들은 한 가지 문제에 과민하게 집중하며, 늘 하던 방식만을 고집한다. 예를 들면 지나치게 자주 손을 씻거나 닫은 문을 계속해서 확인한다. 강박증 환자 중 일부는 심리치료나 약물 투여 같은 치료로 정상적인 생활을 영위하기도 한다.

　이렇듯 개인의 삶에서 강박증은 고통스러운 질병일지 몰라도 비즈니스 세계에서는 반드시 필요한 습관이다. 작은 것에도 세심하게 주의를 기울이고 깨진 유리창이 없나 철저히 확인하는 태도를 강박적으로 가져야 한다.

　아무리 작은 균열이라 해도 유리창은 깨질 수 있기 때문에 발견하는 즉시 수리해야만 한다. 중요하지 않은 것은 아무것도 없다. 작은 것들은 당신이 생각하는 것보다 훨씬 더 중요하다.

깨진 유리창 이론에서 강박증은 매우 유용하다. 업무를 보는 매 순간 모든 것이 완벽한지, 고칠 점은 없는지 끝없이 확인해야 한다. 깨진 유리창을 수리하는 일은 해도 되고 안 해도 그만인 일이 절대 아니다. 꼭 해야만 하는 일이다. 당신은 깨진 유리창을 즉시, 그리고 완벽하게 손보기 위해 밤낮없이 애써야만 한다.

강박관념은 한 가지 아이디어, 주제, 개념에 사고가 고정되어 있는 상태이다. 다른 생각은 할 수도 없을 만큼 한 가지 생각에만 매달리는 것이 강박관념이다.

당신은 회사의 깨진 유리창을 예방하고 수리하는 데 강박관념을 가져야 한다. 당신 회사의 깨진 유리창에 부끄러움을 느껴야 한다. 쓰레기통이 비워져 있지 않고 계산대가 지저분하다면 견딜 수 없는 괴로움을 느껴야 한다. 아주 작은 문제 하나를 발견하더라도 안절부절못해야 정상이다.

무시해도 좋을 만큼 사소한 일은 없다. '작은 하나'가 '전부'로 변할 수도 있다. 당신의 회사에 대해 막연히 걱정하는 것만으로는 충분하지 않다. 성공에 대해 약간의 관심을 갖는 것만으로는 안된다. 강박적으로 매달리지 않는다면 재앙은 곧 다가온다.

특히 경영자라면 잠자리에서도 깨진 유리창을 예방하고 수리할 방법을 고민해야 한다. 비즈니스를 발전시키고 고객을 만족시킬 수 있는 방법을 고민하지 않는다면, 당신은 제대로 일하고 있지 않은 것이다. 또한 경영자의 열의를 직원 한 명 한 명에게 모두 알려야 한다. 비즈니스는 경영자 혼자 강박관념을 갖고 열심히 일한다고 성공할 수 있는 일이 아니다. 전 직원이 한마음 한뜻으로 노력해야만 한다.

스타벅스의 성공 이유:
왜 강박관념이 필요한가

스타벅스처럼 짧은 시간에 고객의 사랑을 얻은 기업은 그리 많지 않다. 커피 한 잔이 결코 우습지 않다는 진실을 알려준 스타벅스는 세계 곳곳에 체인점을 세우며 우리 생활의 일부로 자리 잡고 있다. 게다가 스타벅스 커피는 체인점뿐 아니라 슈퍼마켓, 편의점, 식료품점에서도 구할 수 있다. 스타벅스는 고객에게 최상의 서비스를 제공하고 있고, 스타벅스 커피는 전 세계에서 팔리고 있다.

하지만 하워드 슐츠Howard Schultz 회장은 스타벅스가 이미 정상에 올랐고 그곳에서 버티기가 쉽지만은 않다고 투자자들에게 말하고 있다. 슐츠는 어디 있는 유리창이 깨질지 늘 경계를 늦추지 않고 있다.

2004년 초, 슐츠는 전 직원의 3분의 1에 해당하는 '가장 성취 동기가 높은 직원들'에게 최고 32시간의 유급 훈련 프로그램을 받을 기회를 제공해 커피에 관한 전반적인 지식과 영업전략을 가르쳤다. 그 과정을 통해 직원들은 자신이 판매하는 제품에 관한 손님들의 질문에 훌륭하게 대답할 수 있게 되었다.

이처럼 슐츠는 깨진 유리창을 용납하지 않는 강박관념을 가지고 있다. 그는 스타벅스가 빠르게 성장하고 있다는 사실과 함께 빠른 성장은 몰락의 전조가 될 수도 있다는 진실을 잘 알고 있다. 보스턴 마켓Boston Market, 크레이지 에디Crazy Eddie, K마트Kmart 같은 기업들은 성공의 열매를 즐기기도 전에 추락하는 괴로움을 겪어야 했지만, 슐츠는 자신의 기업에서 이와 같은 불상사가 일어나지 않도록 경계를 항상 늦추지 않고 있다.

그는 스타벅스의 브랜드 파워를 향상시키기 위해서는 직원들의 제품 지식 수준을 높여야 한다고 생각했다. 그는 자신의 역할에 대해 강박관념을 가지고 있었고, 직원들에게도 강박관념을 갖도록 요구했다. 직원들이 자신이 판매하는 제품에 관해 보다 잘 알게 되면 보다 좋은 커피를 만들려는 강박관념이 생길 것이다. 또 커피에 관한 지식과 업무 숙련도를 고객들에게 드러내고픈 강박관념이 생길 것이다.

단, 지식과 숙련도를 드러낼 때 거만한 인상을 주어서는 안 된다. 이는 미묘한 차이이다. 이런 면에서 강박관념은 위험한 도구이기도 하다. 제대로 다루어야만 효과를 발휘할 수 있기 때문이다. 항상 고객의 입장에 서서 서비스를 제공해야 하며, 고객에게 불쾌감을 줄 정도로 잘난 체해서는 안 된다.

그렇다면 우리는 어떤 강박관념을 가져야 할까?

크록은 맥도날드 매장을 방문했을 때 청결 상태가 좋지 않으면 대걸레를 들고 직접 청소를 했다. 줄리아니 시장은 뉴욕 지하철에서 낙서가 완전히 사라질 때까지 편안히 쉰 적이 없다. 현명한 CEO들은 대리점의 상태를 확인하기 위해 고객으로 위장한 '암행어사'를 보내고, 직접 찾아가 다시 확인해 본다. 다른 사람의 말만 들어서는 충분하지 않기 때문이다. 그들은 눈으로 직접 확인해 봐야 한다. 본사와의 상호작용이 약한 대리점은 깨진 유리창이 되기 쉽기 때문이다. 직원들, 특히 고객과 직접 대면하는 직원들은 가장 눈에 잘 띄는 깨진 유리창이 될 수 있다. 관리를 받지 못한 직원들이 손님을 내쫓곤 한다.

깨진 유리창을 만들지 않으려면 무엇보다 서비스에 초점을 맞추어야 한다. 아무리 훌륭한 제품도 판매사원이 없다면 고객에게 소개하고 판매할 수 없다. 고객의 욕구에 반응하지 않는 판매사원들의 무심한 말 한 마디와 행동 하나에서 기업은 붕괴되기 시작한다. 소매점의 계산대 직원이나 병원의 접수처 직원처럼 고객을 처음 맞이하는 직원들이 최선을 다하지 않는다면, 기업은 금세 무너지고 만다.

따라서 기업은 좋은 직원을 채용하는 데 강박관념을 가져야 한다. 나쁜 직원을 채용해 결국에는 해고해야 한다면, 그것은 더욱 힘들고 비용이 많이 들며 큰 손해를 보는 일이다. 어떤 직원이 필요한지 숙고하는 시간을 가져라. 업무에 대한 지식을 갖추고 있고 그 지식을 적절히 내보일 줄 아는 직원을 찾아라. 자신의 업무와 고객서비스에 강박관념을 갖고 있는 직원을 채용하라.

강박관념은 쉽게 사라지는 꽃향기 같은 것이 아니다. 오늘날 강박관념 없이는 기업을 운영할 수 없다. 먹고 마시고 자는 내내 강박관념을 가져야 한다. 성공은 결코 쉽지 않다.

양키스를 배워라: 강박행동의 이점

강박관념과 강박행동은 분명 다르다. 강박관념은 당신 회사의 구석구석에 집중적인 관심을 갖는 것이고 강박행동은 보다 실천적인 것이다. 강박관념처럼 생각과 계획에 그치는 게 아니라 반응하는 것이다. 비유하자면, 강박관념은 정신적인 사랑이고 강박행동은 육체적인 사랑이다.

깨끗하게 치워진 거실을 보고 흐뭇해하는 것과 거실의 물건들이 정해진 자리에 정확히 있는 것을 보지 않고는 못 견디는 것은 다르다. 강박적으로 행동하는 사람은 자신이 생각한 대로 물건이 정확히 놓여 있지 않으면 다른 일에 집중을 하지 못한다.

양키스의 조지 스타인브레너 3세George Steinbrenner III는 인기 있는 구단주는 아니다. 왜냐하면 그는 주차요원부터 연봉 2,500만 달러를 받는 3루수에 이르기까지 뉴욕 양키스의 전 직원에게 끊임없이 요구하는 것으로 유명하기 때문이다. 그에게 타협이란 없었다. 아무리 작은 잘못이라도 스타인브레너의 눈을 피하기는 어려웠다. 그는 양키스 야구장에서 일어나는 모든 일들을 빠짐없이 알고 있었다. 그가 바라는 대로 일이 진행되지 않으면 직원들은 그것을 '즉시' 시정해야만 했다.

스타인브레너는 자신이 사들인 50년 된 야구장에 화장실이 충분한지 확인하고 또 확인했다. 그는 "양키스를 사는 것은 모나리자를 사는 일과 같다. 당신은 모나리자를 싸구려 액자에 넣어 옷장 속에 감춰두고 싶지는 않을 것이다"고 말했다. 그는 좌석 안내 요원들, 가판대 판매원들, 구장 관리요원들을 하나하나 알고 있었다. 물론 경영진과 야구선수들에 대해서도 훤히 알고 있었다.

한편 양키스에는 '수염을 기르지 마라', '대중 앞에 나설 때는

항상 정장을 입어라' 같은 규칙들이 있었다(사실 스타인브레너마저
도 폴라 티셔츠를 즐겨 입었다). 스타인브레너는 상품 이미지가 고객
들의 인식에 중요하다는 사실을 잘 알고 있었고, 그의 상품은 양
키스 야구팀이었다. 양키스에 대한 고객들의 인식이 티켓 판매와
수익을 결정한다. 그러므로 그는 양키스의 세부사항 하나 하나를
놓치지 않았다. 깨진 유리창이 있다면 즉시 수리했다.

스타인브레너는 선수가 야구 시즌 동안 '수염을 기르지 마라'
는 규칙을 어기거나 머리를 길게 기른다면 양키스의 전체 이미지
가 훼손된다고 생각했다. 아무리 팬들의 사랑을 받아도, 아무리
고액 연봉을 받아도, 아무리 팀의 승리에 공헌했다 해도 그 선수
에게는 징계가 가해졌다. 그 결과 양키스의 이미지는 오랫동안 지
켜졌고 고객들의 긍정적 인식도 계속 유지할 수 있었다.

당신은 스타인브레너처럼 강박적으로 행동해야만 한다. 깨진
유리창을 그대로 놔둔다면―고쳐야겠다는 생각은 했을지라도―
외부 사람들은 여기에는 책임감 있는 이들이 없으며 무슨 일이
벌어지고 있는지 아무도 모르고 있다고 생각한다. 이는 비즈니스
의 종말을 고하는 종소리와도 같다.

강박행동을 하는 사람은 항상 자신이 원하는 방식대로 일이 이
루어져야만 한다. 비즈니스에서 깨진 창문을 수리하는 데 강박행
동보다 좋은 도구는 없다. 강박행동은 모든 문제가 해결되어 만족

할 수 있을 때까지 문제에 매달리도록 만든다. 강박행동을 하는 사람은 깨진 유리창을 고쳐놓기 전에는 다른 일은 아무것도 할 수 없다. 아무리 사소한 문제라도 바로잡기 위해 완고하게 헌신적으로 매달린다. 지나쳐 보일 만큼 집중한다.

강박적으로 행동하는 경영자는 고객에게 결코 지저분한 환경을 보이지 않을 것이다. 고객이 상담원과 통화하기 전 음성녹음 내용을 1분 이상 듣도록 내버려두지 않을 것이다. 어떤 상황에서도 직원들이 "부탁드립니다"와 "감사합니다"라는 말을 잊지 않도록 할 것이다.

만약 선천적으로 타고나지 않았다면 열심히 연습해서 강박관념을 길러라. 깨진 유리창을 찾아내고 즉시 수리하는 습관을 길러라. 깨진 유리창이 사라지고 모든 게 제자리에서 제대로 움직이기 전까지는 다음 단계로 넘어가지 마라. 단 빠르고 결단력 있게 행동해야 한다. 행동 없이 생각만 하며 하루를 보낸다면 제대로 이루어지는 일은 없을 것이다.

지금 당장 깨진 유리창을 고칠 수 없다면, 적어도 '수리중'이라는 표시는 해두어야 한다. 수많은 기업들이 강박적으로 행동하지 않았기 때문에 치명적인 위기에 처했다는 사실을 명심하라.

가장 치명적인
깨진 유리창

모든 직원은 기업을 대표하는 외교관이다

성형외과 의사 로버트 코틀러 박사는 모든 의료 절차에 환자가 개입할 수 있어야 한다고 생각한다. 그는 말한다. "환자들이 의사인 나를 만나기 전에 병원과 관련해 불쾌한 일을 경험했다면 나에게도 그 일은 영향을 준다. 만약 병원 접수원이 주차권에 무료 주차 스탬프를 찍어주지 않겠다고 말했다면, 내가 아무리 훌륭한 의료 서비스를 제공한다 해도 환자는 병원에 대해 나쁜 인상을 가질 것이다."

고객,
당신이 틀렸소!

　만약 당신이 서점을 경영하고 있다고 하자. 서점 벽에 페인트 칠이 벗겨졌다면 그것은 깨진 유리창이다. 이런 종류의 깨진 유리창은 쉽게 수리할 수 있다. 약간의 비용과 노력만 투자하면 새로 페인트칠을 할 수 있다. 당장 서점의 이미지는 손상되겠지만 매일 먼지를 떨어내고, 고객이 원하는 책을 구비해 놓고, 적정 수준의 가격을 부과하고, 다른 깨진 유리창을 보이지 않는다면 고객은 벗겨진 페인트칠을 눈감아줄 것이다. 그러나 고객서비스 부분에서 깨진 유리창이 발생한 경우에는 용서받기가 무척 힘들어진다.

　나쁜 고객서비스는 가장 치명적인 깨진 유리창이라는 사실을 다시 한 번 강조하고 싶다. 고객은 만족스러운 제품이나 서비스를 기대할 권리가 있다. 그러므로 비즈니스가 성공하기 위해서는 고객만족이 가장 중요하다. 기업에 무언가를 기대하며 접촉을 시도

하다 실패한 사람들은 실망한다. 단 한 번의 좋지 못한 고객서비스 경험만으로도 고객은 떠나갈 수 있다. 두 번째 기회가 영영 사라질 수 있다.

식당에 가서 스파게티를 주문했다고 하자. 그런데 스파게티 안에서 벌레 한 마리를 발견했다. 당신은 벌레를 집어내고 그 스파게티를 계속 먹을 것인가, 아니면 새로운 스파게티를 가져다 달라고 요구할 것인가? 혹은 식당을 그냥 나가버릴 것인가? 당신은 며칠 후 또다시 그곳을 방문할 것인가? 아마 그렇지 않을 것이다.

고객서비스는 불편사항을 접수하는 부서에만 해당되는 것이 아니다. 직원(또는 제품을 포함해서 기업을 대표하는 모든 것)과 고객 사이의 모든 접촉이 바로 고객서비스이다. 판매사원 역시 고객서비스를 제공하며 제품을 배달하고 설치하는 직원 역시 고객서비스를 하고 있다. 전화 교환원도 고객서비스를 제공한다. 트럭을 몰고, 보도자료를 작성하고, 포장재를 디자인하고, 대금을 지불하는 모든 직원이 고객서비스와 관련되어 있다. 경영진 역시 고객서비스를 하고 있는 것이다. 그러므로 기업의 모든 직원은 고객과 긍정적인 접촉을 하도록 노력해야 한다.

모든 기업에는 고객이 있다. 그리고 모든 직원은 기업을 대표하는 외교관이다. 고객은 다른 나라 국민이 외교관을 대하듯 기업을 대할 것이다. 훌륭한 외교관은 상황에 맞게 외교의 기술을 잘 사용한다. 어떤 고객이 비합리적으로 행동한다면 어떻게 대처할 것인가를 잘 알고 있다. 고객이 부당한 것을 요구한다고 고객에게 화를 내서는 절대 안 된다는 사실도 잘 안다.

우선은 고객의 불만을 즉시 처리해 주어야 한다. 기업 간 거래에서도 마찬가지이다. 많은 경우 고객은 당신 회사의 경영 방식을 제대로 이해하지 못하고 있다. 그래서 당신이 제공할 수 없는 제품이나 서비스를 무리하게 요구하는 경우도 있다. 그런 고객 중 상당수가 호전적이거나 비합리적인 태도로 직원들을 대한다. 그들은 직원들에게 친절하고, 유쾌하고, 수용적인 태도를 취하지 않는다. 그러나 당신의 직원들은 이러한 고객들에게도 만족을 주어야만 한다. 경험 많은 외교관들은 가장 무례하고 비합리적으로 자기주장만 하는 다른 나라 대표가 가장 큰 문제를 일으킨다는 사실을 잘 알고 있다. 그 대표는 본국으로 돌아가 자신은 가장 합리적인 요구를 했는데도 불구하고 모욕만 당하고 왔다고 주장하며 외교관계를 단절하자고 졸라댈 것이다.

비합리적으로 우겨대는 고객은 자신의 입장만 생각한다. 그는 자신의 불평이 정당하며 당연하다고 믿는다. 그러므로 빠른 조치를 원한다. 만약 직원들이 그의 요구를 거절한다면, 그는 당신의 회사가 융통성도 서비스 정신도 없다고 비난할 것이다. 그런 고객에게 불편 신고를 철회하라고 설득한다면 부작용만 일어난다.

고객은 기업이 자신의 불평이 정당하다고 인정하며 그 문제를 해결하기 위해 최선을 다하는 모습을 보여주기를 바란다. 자신이 (진짜든 상상이든) 기업의 깨진 유리창을 지적해 준 것에 대해 기업이 감사해 주기를 바란다. 당신이 고객으로서 다른 기업에 불편 사항을 신고한 경우를 떠올려 보자. 당신의 불평이 잘못되었다는 말을 듣고 싶었는가, 아니면 당신의 지적에 감사하며 문제를 해결하기 위한 구체적인 계획을 세우는 모습을 보고 싶었는가?

불평하는 고객들은 이미 당신에게 (당신이 회피하고 싶은) 부정적인 감정을 갖고 있다는 사실을 명심하라. 그들은 전과는 달리 당신에게 쉽게 분노하고 원망할 것이다. 목소리가 커지고 (이제까지 사용하지 않았던) 불쾌한 말들을 내뱉을 수도 있다. 이때는 반응하지 않는 게 제일 좋다. 두 명의 화난 사람보다는 한 명의 화난 사람과 한 명의 침착한 사람의 관계가 훨씬 더 생산적이기 때문이다. 당신만이라도 냉정을 유지하며 관계의 모든 측면을 따져봐야 한다. 통제력을 잃지 말아야 한다. 당신은 문제를 심각하게 받아들이고 있으며 문제 해결에 최선을 다할 것이라고 반복해 말해주어야 한다.

모든 직원을 노련한 외교관으로 만들기 위해서는 직원교육이 필요하다. 고객이 아무리 화를 내고 험한 말을 해대도 똑같이 받아쳐서는 절대로 안 된다. 만약 그런 직원이 있다면 그 자리에서 경고 조치를 취해야 한다. 고객의 행동이 아무리 지나쳐도 직원이 무례하게 행동할 수는 없다. 예외를 두어서는 안 된다. 고객의 문제에 관심을 표시하지 않는 직원은 최악의 깨진 유리창이다. 또한 이해할 수 없는 기업의 규정들은 불친절한 직원만큼이나 심각한 깨진 유리창이다.

나는 당신이 병원에 가지 않기를 바란다. 그러나 만약 병원에 가게 된다면 나쁜 고객서비스가 무엇인지 확실히 경험하게 될 것이다. 병원 직원들은 병원 업무에 대해 잘 알고 있다. 의료 행위의 절차와 그 필요성, 어려운 의학 용어에 대해서도 잘 안다. 그러나 환자들은 다르다. 그들은 병원 업무에 대해 잘 알지 못한다. 의료 절차와 그 필요성과 의학 용어에 대해 잘 모른다. 그들은 수년간 일해온 병원 직원들처럼 병원이라는 곳에 익숙하지 못하고, 병원 규정에 대해서도 잘 알지 못한다. 게다가 환자들은 자신의 건강에 걱정이 많다. 그래서 평상시 스트레스에 반응하던 것보다 더욱 날카로운 반응을 보인다. 환자들은 의료진의 명령에 이유도 모른 채 따라야만 한다. 평상시보다 더 심하게 흥분하고 화를 낼 수밖에 없다.

병원 주차장에서 기분이 나쁘면
의사에게 화를 낸다

　나는 이러한 환자의 입장을 제대로 이해하고 있는 병원을 몇 곳밖에 발견하지 못했다. 오히려 병원 직원들은 자신이 하는 의료 행위를 환자가 당연히 이해하고 있어야 한다고 생각하는 듯하며, 환자가 질문을 하거나 도전을 하면 어리석고 무례하기 때문이라고 치부하는 듯하다. 내 경험상 병원의 설명이 적어질수록 환자들의 불만은 높아만 간다.

　미국의 부촌 비버리힐스에서 유명한 성형외과 병원을 운영하고 있는 로버트 코틀러Robert Kotler 박사는 모든 의료 절차에 환자가 개입할 수 있어야 한다고 생각한다. 그는 (변호사, 접수원, 사무직원 등) 병원의 모든 직원들을 채용할 때 환자의 욕구를 중시하며 이해하려는 마음가짐이 되어 있는지를 우선 살핀다.

　"환자들은 의사와 만나기 전에 전화로 예약을 하게 된다. 또 접수를 하고 검사를 하면서 여러 명의 병원 직원들과 만나게 된다. 그런데 그중 한 명과 불쾌한 경험을 했다면 의사인 내게 왔을 때까지 부정적인 감정을 간직하고 있을 것이다. 만약 병원 접수원이 주차권에 무료 주차 스탬프를 찍어주지 않겠다고 말했다면, 내가 아무리 훌륭한 의료 서비스를 제공한다 해도 환자는 병원에 대해 나쁜 인상을 가질 것이다."

계속 강조하고 있지만 고객서비스는 비즈니스의 모든 부분과 연관되어 있다. 고객서비스에 깨진 유리창이 생기면 수리하기가 무척 어렵다. 스파게티 속에 들어있는 벌레를 기억하는가? 식당 주인이 아무리 사과를 하고 다시는 이런 일이 없을 거라고 다짐해도 고객은 다시 돌아오지 않을 것이다.

당신은 고객만족도를 향상시키기 이전에 얼마나 많은 고객들을 잃어왔는가? 고객의 입장이 되어 고객의 관심사를 알아 본 적이 있는가? 직접 매장에 가보라. 가장 불평이 많은 고객을 암행어사 고객으로 채용해(적을 동지로 만들어) 당신의 비즈니스를 재평가하도록 시켜라. 그리고 할인 구매 혹은 무료 구매의 보상을 해주어라.

좋지 못한 고객서비스는 치명적인 깨진 유리창이다. 반면 뛰어난 고객서비스는 투명하고 완전무결한 유리창이다. 당신은 어떤 유리창을 갖길 원하는가?

노드스트롬 백화점에
단골 고객이 많은 이유

고객의 기대를 초과하다

노드스트롬 백화점은 많은 돈을 들여 피아니스트를 섭외해 백화점 내에서 라이브로 연주를 하게 했다. 왜 그랬을까? 매출은 하락할까 상승할까? 직접 조립해야 하는 불편함을 감수하고도 젊은 세대들이 이케아 가구를 구매하는 이유는 무엇일까? 접근성이 좋지 않음에도 왜 젊은 부모들이 아이들과 함께 이케아 매장을 찾는 걸까?

노드스트롬은 왜
비싼 돈을 들여 피아니스트를 고용했을까

깨진 유리창의 반대는 무엇일까? 이 책 내내 나는 기업이 무성의하고 무능력하다는 인상을 줄 수 있는 작은 것들을 예방하고 고치라고 주장했다. 그리고 고객의 기대 이상으로 더 멀리 더 높이 나아가야 한다고 말했다. 또한 깨진 유리창을 빠르고 효율적으로 예방하고 수리한 기업의 예를 제시했다.

그렇다면 더 멀리 더 높이 나아간다는 것은 무엇을 의미하는가? 다른 기업보다 고객서비스 수준을 높이기 위해 노력하는 것인가? 기대 이상의 전례 없는 고객서비스를 제공하는 것인가? 이전에 고려되거나 이행되지 않은 무언가를 논의하는 것인가? 그것이 깨진 유리창을 수리하는 것인가? 아니면 그 이상의 무엇을 의미하는 것인가?

노드스트롬 백화점은 겉보기에는 다른 백화점과 비슷하다. 메이시Macy's, 블루밍데일Bloomingdale's, 로드 앤 테일러Lord & Taylor 백화점처럼 독립된 건물이나 쇼핑센터 일부에 위치해 있으며 비슷한 상품을 판매하고 있다. 노드스트롬 직원들은 친절하고 더 멀리 더 높이 서비스를 제공하기 위해 애쓰고 있지만, 다른 경쟁사들을 누르고 독보적인 위치를 차지할 정도로 뛰어나지는 않다. 경쟁사와 가격도 비슷하다. 세일 기간에는 간혹 더 낮을 수도 있지만 더 높은 경우도 종종 있다. 사람들이 노드스트롬을 찾는 이유는 분명 저렴한 가격 때문이 아니다. 지리적으로 훨씬 가까운 곳에 위치한 것도 아니다. 그런데도 노드스트롬을 찾는 단골 고객들이 많은 이유는 무엇일까?

말도 안 되는 소리처럼 들릴지 모르지만, 바로 피아니스트 때문이다. 고객들이 가장 많이 오가는, 노드스트롬 백화점의 노른자자리에서는 쇼핑중인 사람들에게 방해되지 않을 정도의 아름다운 음악 소리가 흘러나온다. 물론 녹음된 음악이 아니라 라이브로 연주되는 음악이다.

피아노 연주의 효과를 수치로 측정하거나 글로 서술하기는 어렵다. 하지만 고객들이 피아노 근처를 지날 때 미소를 짓는 모습을 관찰할 수는 있다. 그들은 잠시 걸음을 멈추고 음악에 빠져들기도 한다. 한 곡이 끝나면 박수소리가 들린다. 그러면 드레스를 차려입은 연주가가 일어나 답례를 하고 다시 음악을 연주한다. 그러나 피아노 위에는 팁을 넣는 항아리가 마련되어 있지 않다. 이 것은 매우 중요한 사실이다. 아주 아주 중요한 사실이다. 노드스 트롬은 피아노 연주에 대해 고객에게 추가 비용을 요구하지 않고 있다! 이는 고객에게 기대 이상을 제공하기 위해 애쓰고 있다는 증거이다.

효율성을 강조하는 학자들은 반대할지도 모른다. 백화점의 노 른자 자리에 피아노를 설치하는 것은 비효율적이라고 주장할지 도 모른다. 그 자리에 상품을 더 가져다 놓고 팔 수도 있다. 또한 피아노를 구입하고 유지하는 데는 돈이 많이 든다. 경험 많고 재 능 있는 연주가에게도 적지 않은 보수를 주어야 한다. 또 영업 시 간 내내 연주가 이어지게 하기 위해서는 한 명의 연주가로는 부 족하다. 노드스트롬이 피아노 연주로 얻을 수 있는 혜택은 과연 무엇인가?

노드스트롬은 고객을 위해 가장 좋은 자리에 특별한 공간을 마 련했다. 그리고 이에 대해 아무런 비용도 요구하지 않는다. 이것 이야말로 깨진 유리창의 정반대 상황이다. 피아노 연주는 고객이 기대조차 못했던 것으로, 가장 분명하고 성공적인 완전무결한 유 리창의 예이다. 이제 피아노는 노드스트롬의 상징이 되었다. "노 드스트롬 피아노"라고 말하면 대부분 그 뜻을 알아차린다. 노드 스트롬 피아노는 고객에 대한 노드스트롬의 헌신을 상징한다.

그렇다면 노드스트롬은 미국 최고의 백화점인가? 반드시 그렇지는 않다. 당신은 메이시나 블루밍데일(혹은 타깃이나 월마트)에서 쇼핑하는 게 더 편할지도 모른다. 그렇다 해도 당신은 노드스트롬의 피아노 연주에 대해 알고 있다. 그리고 다른 백화점에서는 시도하지 못했던 노드스트롬의 고객서비스를 칭찬할 것이다.

노드스트롬은 서두르거나 지루해하며 쇼핑하는 사람들에게 높은 비용을 투자해 전혀 새로운 경험을 제공했다. 노드스트롬은 깨진 유리창을 수리할 뿐만 아니라 예방하기 위해 최선을 다하는 모습을 보여주었다. 노드스트롬은 고객의 기대 수준 이상으로 편안하고 즐거운 쇼핑 환경을 만들기 위해 노력했다. 이는 깨진 유리창을 수리하는 것 이상의 행동이었다. 직원보다는 고객에 대한 관심과 헌신을 보여주는 행동이었다. 그리고 많은 고객들이 그러한 정성에 감동했다.

이케아에는 뭔가
특별한 것이 있다

다른 기업의 예를 들어보자. 백화점처럼 고급스럽지는 않지만 고객의 욕구를 예측하고 그들에게 좀더 편안하고 즐거운 경험을 제공하기 위해 애쓰는 기업이 있다. 이케아^{Ikea}는 조립식 가구를 파는 가구 체인점이다. 이케아 매장은 임대료 절감을 위해 주거지에서 멀리 떨어진 지역에 위치해 있고, 대부분의 고객은 자신들이 산 가구를 직접 운반한다.

이처럼 이케아는 디자이너 가구를 파는 고급 가구점과는 매우 다른 방식으로 운영되고 있다. 그러나 이케아는 고객의 욕구를 잘 이해하고 있다. 그들의 고객은 대부분 젊은 부부들로서 튼튼하고 실용적이며 저렴한 가구를 원한다. 이케아 고객들은 다른 가구점의 고객들보다 젊으며 경제적으로 넉넉하지 못하다. 그들은 자신의 첫 번째 집이나 아이의 방을 꾸미기 위해 가구가 필요하다.

따라서 이케아는 어린이 놀이방을 마련했다. 부모들은 쇼핑을 하는 동안 놀이방에 아이를 맡길 수 있다. 아이들은 보모가 관리하는 가운데 볼 풀에서 놀거나 비디오를 본다. 부모들은 아이들 걱정 없이—지루하다고 칭얼거리는 아이들 없이—보다 즐겁게 쇼핑할 수 있다. 아이들 역시 즐거운 시간을 보낼 수 있다.

놀이방은 고객들에게 이케아가 가족중심 기업이라는 이미지를 심어준다. 또 "언제 집에 가요?"라고 끊임없이 묻는 아이들 없이 부모들은 좀더 여유를 갖고 쇼핑을 할 것이고 보다 많은 물건을 살 것이다. 점점 더 많은 부모들이 이케아를 찾게 된다. 그들은 또 다른 부모들에게 아이들을 배려하는 가구점에 관한 정보를 적극적으로 알려준다. 이는 모두가 승자인 윈윈게임이다.

매장의 자투리 공간을 활용해 놀이방을 만들고 보모 직원을 둔 결과, 이케아는 심지어 아이가 없는 고객들에게도 보다 나은 쇼핑 환경을 제공할 수 있게 되었다. 한편 손님이 많은 경우에는 놀이방 이용 시간을 제한했다. 탁아 시간이 다 되어가면 부모를 호출해 아이를 데려가도록 알린다. 그 결과 보다 많은 고객이 놀이방을 이용할 수 있었다. 물론 놀이방 서비스는 무료이다. 1시간 동안 무료로 아이를 돌봐주는 보모를 어디서 구할 수 있겠는가?

이케아는 제품의 종류와 가격 면에서도 경쟁력이 있다. 그러나 놀이방이 있기에 더 높은 명성을 쌓을 수 있었다. 재미있는 스웨덴식 이름을 가진 이케아는 핵심 고객인 젊은 부부와 가족들에게 훌륭한 고객서비스와 함께 저렴한 가구를 제공하고 있다. 이케아는 그동안 '가족을 이해하고 가족을 도우려 노력하는 가구점'이라는 명성을 얻기 위해 말없이 노력해 왔다. 고객의 욕구를 예측하고 충족시키기 위해 노력해 왔지만 이를 선전하지는 않았다. 그들은 고객의 입소문에 의존했고, 전략은 주효했다.

이케아는 말보다 행동으로 보여주었다. 이는 훌륭한 브랜드화 전략이다. 또한 수리할 게 전혀 없는 완전무결한 유리창이다. 고객이 자신의 욕구를 미처 깨닫기도 전에 이케아는 그것을 충족시켜 준다. 이제 와서 경쟁사들이 놀이방을 설치한다 해도, 고객들은 그들이 이케아의 '모방자'일 뿐이라고 생각할 것이다.

고객의 욕구에 뒤늦게 반응하는 게 아니라 사전에 예측해야만 경쟁사를 앞설 수 있다. 마케팅 계획과 시장조사뿐 아니라 핵심 고객의 관심사에도 주의를 기울여야 한다. 그리고 행동으로 실천해야 한다. 그러면 애써 선전하지 않아도 고객들은 기업의 노력을 인식하게 된다. 고객의 인식이 가장 중요하다. 그들을 속일 수는 없다.

당신이 고객으로서 당신이 판매하는 제품이나 서비스를 구매해 본다면, 소비자의 욕구와 관심사, 문제에 대해 보다 잘 알 수 있을 것이다. 고객이 자신의 욕구를 인식하기 전에 예측하고 충족시켜 줄 수 있을 것이다. 그렇다면 당신은 깨진 유리창을 수리하는 것 이상을 하는 게 된다. 당신은 그 누구도 가진 적이 없는 반짝이는 새 유리창을 갖게 될 것이다. 그리고 창밖의 아름다운 풍경을 즐길 수 있을 것이다.

'깨진 유리창 직원'을
해고하라

한 명의 직원이 전체 직원을 물들인다

카페에서 일하는 직원이 "미소는 자신의 의무가 아니다"라고 고객에게 말

한다면, 이 직원을 해고해야 할까? 그렇다! 집안 사정으로 업무를 제대로

해내지 못하는 직원이 있다. 이 직원의 문제는 반복되고 상사는 변명을 들

어주는 것에 지쳐간다. 이 직원을 해고해야 할까? 그렇다! 잭 웰치가 말하

는 '잘못된 친절'의 진짜 의미는 무엇일까?

직원들이 실수를 반복하는
진짜 이유

이 장에서는 가장 심각한 깨진 유리창은 사람인 경우가 많다는 점을 다시 한 번 강조하고 싶다. 어떤 직원이 기업의 이미지에 손상을 준다면 어떤 이유에서건 그는 깨진 유리창이다. 아무리 작더라도 그의 실수로 인한 여파는 기업 전체에 미치게 마련이다.

직원도 사람이다. 그러므로 인간으로서 약점이 있게 마련이고 실수하게 마련이다. 또한 기업의 경영자도 실수할 때가 있다. 그러나 실수 한 번 한다고 무조건 깨진 유리창이 되는 것은 아니다. 실수로부터 배우고 성장하는 직원이야말로 최고의 직원이 될 수 있다.

실수하는 모든 직원을 해고하라고 주장하는 것이 아니다. 그러나 오늘날 직원에 대한 관용은 합리적 수준을 넘어서고 있다. 자신의 임무를 제대로 이행하지 못하는 직원들이 너무 많다. 직원에게 문제가 있을 때, 당신은 그에게 지적을 해줄 것이다. 직원은 수긍하며 앞으로는 잘 하겠다고 약속한다. 그러나 그는 나아지지 않고 같은 실수를 반복하며 고객에게 무관심하고 무성의하다. 이 경우 당신은 감정적으로 아무리 힘들어도 그를 해고해야만 한다. 그것이 문제가 재발되지 않도록 막는 유일한 방법이기 때문이다.

3만 7,000여 명의 직원이 일하고 있는 LA 주 정부에서는 2003년에서 2004년까지 15개월 동안 부적절한 업무 수행을 이유로 6명이 해고되었다. 반면 무능력한 교사들은 다른 수업이나 학교로 자리를 옮겼을 뿐 해고되지는 않았다. 이것은 무능력한 직원들을 여러 부서에서 일하게 만드는 것과 마찬가지이다. 그러나 교직원은 무능력해도 법적으로 신분이 보장된다. 요구되는 서비스를 제대로 제공하지 못해도 해고되지 않는다. 이런 말도 안 되는 상황이 지금도 곳곳에서 일어나고 있다.

잔인해지라고 말하는 게 아니다. 직원들을 인간적으로 대우하지 말라고 주장하는 것도 아니다. 비즈니스에서 성공하기 위해서는 모든 직원이 강박적으로 행동해야 하며, 당신은 그들의 반복되는 실수를 용납해선 안 된다고 강조하고 있는 것이다. 직원이 충성스러운 고객을 화나게 만드는 행동을 해도 경고를 하지 않는다면, 그의 나태하고 무책임한 태도를 허락하겠다는 메시지를 주는 셈이다. 사실 직원들의 이러한 태도는 미국 고객서비스 분야에 만연해 있으며, 그들을 추적해 보면 대다수가 직원교육을 제대로 받지 못했다는 사실을 확인할 수 있다.

직원교육의 중요성은 새로운 이슈가 아니다. 서양의 중세에 도제 제도가 시작되었을 때부터 오늘날에 이르기까지 비즈니스 세계에는 늘 직원교육이 존재하고 있었다. 하지만 고객에게 예의 바르고 친절하고 미소를 잃지 말라는 오래된 교육 내용은 여전히 제대로 실천되지 않고 있다.

수많은 대기업들이 직원교육을 강조한다. 동기부여와 고객서비스에 대해 전문가가 강의를 하고 매장 곳곳에 그 내용을 게시해 놓는다. 예를 들어 맥도날드 매장에는 고객에게 빠르고 깨끗한 서비스를 약속하는 문구를 적은 액자가 걸려 있다. 하지만 현실에서는 얼마나 실행되고 있는가?

철저한 직원을 환영하는 고객들

어떤 비즈니스 분야든 직원교육을 할 때는 다음의 내용들을 재차 강조해야 한다.

1. 고객서비스

2. 고객서비스

3. 고객서비스

4. 직원의 동기부여

5. 뛰어난 업무 수행에 대한 보상

6. 잘못된 업무 수행에 대한 처벌

7. 다시 1, 2, 3

고객서비스는 비즈니스에서 가장 중요한 요소이다. 만약 전처럼 대우받지 못하고 있다고 여기는 고객이 있다면 그는 제품의 품질에 문제가 없어도 다른 기업으로 발길을 돌릴 것이다. 고객서비스는 그냥 훌륭한 정도가 아니라 '상상하지 못할 정도로 뛰어나야' 한다. 고객이 불만이 가득한 채로 고객상담실을 떠나게 해서는 안 된다. 고객이 제기한 문제를 해결할 뿐만 아니라 "그 밖에 다른 도움은 필요하지 않으세요?"라고 적극적으로 물어야만 한다. 특히 고객서비스 분야는 고객의 기대 이상이어야 한다. 고객이 '그냥 괜찮은 정도'라고 평가하게 해서는 안 된다. 아주 작은 부분도 세심하게 다뤄져야만 한다. 좀더 많은 것을 요구하는 까다로운 고객이라면 더욱 그러하다.

오늘날 기업은 고객서비스 기준을 더욱 높여야 한나. 불만족스러운 고객이 한 명이라도 있다면 비즈니스에 치명적인 해가 될 수 있다. 만약 불만족스러운 고객이 두 명이라면, 그들은 당신의 시장을 흔들어놓을 것이다. 불만족스러운 고객이 세 명이라면 지역사회 전체가 당신의 회사가 무능력하고 무성의하다고 생각하게 될 것이다.

결코 이런 일이 일어나서는 안 된다. 당신의 직원들이 항상 고객의 문제에 관심을 갖도록 만들어라. 변명은 용납되지 않는다. 고객의 문제를 해결하는 것만으로는 충분하지 않다. 고객의 문제를 내 문제처럼 여기고 해결하기 위해 최선을 다해 노력하고 있다는 인상을 고객에게 남겨야 한다.

나는 한 커피전문점의 단골이었다(여기서 스타벅스는 아니었다고 밝혀야만 할 것 같다). 그런데 하루는 계산대 여직원이 "미소짓는 건 내 의무가 아니다"라고 말하는 게 아닌가. 와! 상상해 보라. 고객서비스에서 가장 기본적인 것이 미소이다. 그런데 이 직원은 미소는 자신의 의무가 아니라고 말한다. 옆에 점장이 있었다면 아마도 내게 즉시 사과하고 무료로 커피를 제공했을 것이다. 그리고 그 직원에게 고객들에게 미소를 짓지 않으려면 일을 그만두라고 경고했을 것이다. 하지만 나는 커피 값을 지불해야만 했고 씁쓸히 가게를 나서야만 했다. 물론 나는 그곳에 다시 가지 않았다. 단 한 번도! 나는 그 직원도 그곳에서 계속 일하지 못했으리라고 생각한다. 나는 고객으로서 나의 돈을 어디에 써야 할지 결정할 권리가 있다.

그러한 직원의 태도는 한 명 이상의 고객들에게 인지되게 마련이다. 아마도 그 중 몇 명은 나와 같은 결정을 내렸을 것이다. 비즈니스에는 항상 경쟁이 있게 마련이다. 고객은 다른 선택을 내릴 권리가 있다. 당신도 고객으로서 권리를 행사해 당신을 소중히 여기는 기업을 단골로 삼고 있을 것이다.

시간만 때우는 직원을 내버려두는 기업은 몰락하고 만다. 절대 살아남을 수 없다. 당신이 계속 회사를 꾸려나가기 위해서는 이 점을 명심해야 한다. 직원들이 당신의 회사를 몰락시키도록 내버려두어서는 안 된다. 그러면 그들 역시 직장을 잃게 된다. 결코 과장이 아니다. 잘못된 직원 한 명을 내버려두면 기업 전체가 흔들린다.

신종 전염병, '근무 태만 바이러스'

오늘날 추락하고 있는 고객서비스 분야를 어떻게 회복시킬 수 있을까? 우선 직원의 동기부여를 통해 고객서비스를 향상시킬 수 있을 것이다. 최저 임금을 받는 직원이라도 고객을 대할 때는 최선을 다해야 한다. '시간 때우기'로 일하는 직원을 내버려두어선 안 된다. 딴 생각에 빠져 멍하게 일하도록 내버려두어선 안 된다. 직장은 치열한 '삶의 현장'이다.

또한 기업은 뛰어난 업무 수행에 대한 보상 대책을 한시라도 빨리 마련해야 한다. 그 내용을 회사 정책에 명시할 뿐만 아니라 실제로도 뛰어난 업무 수행에 대해 승진이나 임금 인상 등 구체적인 보상을 해주어야 한다. 모든 직원이 보다 노력하면 보상받을 수 있다는 사실을 알게 해야 한다. 한편 잘못된 업무 수행에 대한 처벌도 필요하다(여기서는 뛰어난 업무 수행이 아닐 경우 모두 잘못된 업무 수행으로 간주한다). 문제 직원이 몇 번의 경고 후에도 나아지지 않는다면, 해고해야 한다.

오늘날 많은 직원들이 처음 고용될 때 약속한 의무를 제대로 이행하지 못하고 있다. 기업의 성공에 필요한 어떠한 열정도 헌신도 보여주지 않고 있다. 여기서 직원이란 신입사원부터 CEO까지 모두를 포함한다. 그들은 책임감을 가져야만 한다. 지위가 어떻든 고객에게 책임을 져야 한다.

미국의 기업들은 고객이나 주주보다 경영진을 중시하는 경향이 있다. 엔론Enron, 아델피아Adelphia, 월드컴WorldCom의 경우를 떠올려 보라. 그들은 지나친 욕심 때문에 결국 몰락하고 말았다.

아무리 거대한 기업이라 해도 기업의 목적을 망각하는 순간 몰락하게 되어 있다.

요컨대 직원들이 책임감 있게 행동하고 있는지를 감독하고 평가할 사람이 필요하다. 깨진 유리창이 고객서비스와 물리적 환경(벗겨진 페인트칠이나 낡은 카펫 같은)일 경우, 그 책임자가 있게 마련이다. 큰 잘못이 아니더라도 누군가 책임을 지고 즉시 수정해야만 한다.

한편 집안 사정 때문에 업무를 제대로 수행하지 못하는 직원도 있다. 그러나 이 역시 오랫동안 반복된다면 문제가 된다. 처음으로 월 할당량을 채우지 못한 영업사원은 상사에게 변명을 할 것이다. 그러나 또다시 같은 일이 일어났다면, 그리고 어쩔 수 없는 외부 요인이 아니라 지난번과 같은 개인적 이유 때문이라면, 상사는 다음번에는 해고될 거라는 경고를 해주어야 한다. 그리고 다음번에도 같은 일이 반복된다면 예고한 대로 해고해야 한다.

직원들의 부적절한 업무 수행을 방치한다면, 즉 깨진 유리창이 사람들이라면, 바이러스처럼 다른 직원들에게도 전염된다. 형사범죄학에서 깨진 유리창 이론을 어떻게 설명했는지 떠올려 보라. 무임승차, 낙서, 구걸 같은 경범죄를 내버려둔다면 다른 강력범죄도 용납될 수 있다는 인상을 주게 된다. 마찬가지로 비효율적이고, 무관심하고, 나태한 직원 한 명을 그냥 두면 회사가 그러한 행동을 용납한다는 인상을 주게 된다. 침묵은 동의를 의미하기 때문이다. 그리고 다른 직원들은 무능력하고 게으른 직원을 모방하게 된다. 헌신적인 직원이 모범이 되지 못한다. 건강한 사람도 바이러스에 감염된 사람과 접촉하면 바이러스에 전염된다. 결국 모든 직원들에게 '근무 태만 바이러스'가 전파될 것이다.

아무 노력도 하지 않은 직원과 최선을 다한 직원이 똑같은 대우를 받는다면, 어떻게 직원들에게 동기를 부여할 수 있겠는가? 건축자재 매장의 페인트 판매사원이 고객이 원하는 바에 관심을 갖지 않는다면 바닥재 판매사원, 전기제품 판매사원, 계산대 직원들까지 나쁜 영향을 받게 된다. 사람들은 자신이 보는 것을 모방하는 경향이 있기 때문이다. 특히 신입사원의 경우라면 더욱 그러하다. 그는 선배들의 업무 태도를 본받게 될 것이다.

업무를 제대로 수행하지 못하는 직원을 그대로 내버려둔다는 것은 결코 용납할 수 없는 잘못이다. 또한 최선을 다하는 직원이라도 임무를 완수하기에 능력이 부족하다면 그에게 맞는 자리로 옮겨주든지 아니면 별도의 직원교육을 실시해야 한다. 그 외에는 다른 방법이 없다.

잭 웰치는 '잘못된 친절'에 대해 설명했다. 많은 기업들이 직원을 지나치게 떠받들고 있다는 것이다. 개인이 기업보다 중요시될 때 개인은 깨진 유리창이 되기 쉽다. 직원이 건강 문제나 가정 문제로 의욕을 잃고 제대로 업무를 보지 못할 때 친절한 상사는 잠시 그냥 지켜볼 것이다. 하지만 "당신의 문제를 이해한다. 내가 도울 수 있는 건 무엇이든 해주겠다. 그러나 당신이 업무 태도를 향상하지 않으면 해고할 수밖에 없다"는 경고를 확실히 해주어야 한다. 중요한 것은 한 마디 한 마디가 진심을 담고 있어야 한다는 점이다.

한 명의 직원 때문에 기업 전체가 흔들릴 수는 없다. 과장처럼 들리는가? 그렇다면 다음의 문제를 생각해 보라. 당신의 회사에 문제 직원이 있다. 그 직원의 개인적인 문제를 다른 직원들이 모두 알고 있는가? 그렇지 않을 것이다. 다른 직원들은 그 직원의 나태한 근무 태도만 관찰한다. 이를 내버려둔다면 다른 직원들은 '나태하게 일해도 우리 회사는 상관하지 않는다'는 생각을 갖게 된다.

근무 태만 바이러스의 단계별 징후들

- 환자의 몸이 처지고, 피곤해하기 시작한다(수익이 아주 조금 줄어든다).

- 환자가 부분적인 통증을 호소한다(근무 태만이 학습된 행동이 되면서 특정 부서가 명확하지 않은 문제로 고통받는다).

- 가족들에게서도 증상이 나타난다(다른 직원들도 나태한 행동을 따라한다).

- 가족 이외의 사람들도 환자의 건강 상태를 걱정한다(고객이 문제를 발견하고 불평한다).

- 정확한 진단을 내리기 어렵다(경영진은 문제를 인식하지 못하고 깨진 유리창을 수리하지 못한다. 직원들은 잘못된 업무 수행에 대해 처벌받지 않는다).

- 환자의 상태가 급속도로 악화된다(서비스가 안 좋다는 소문이 난다. 영업 실적이 급감한다. 고객들이 다른 기업을 찾는다).

- 특별 치료가 행해진다(더 이상 문제를 부인할 수 없다. 경영진은 매장 폐쇄, 감원, 지불 연기 등을 결정한다).

- 환자는 생명 유지 장치에 의존한다(법정관리를 받게 된다).

- 환자가 사망한다(파산한다).

깨진 유리창,
무너지는 비즈니스

목소리만으로도 기업의 태도를 알 수 있다

카탈로그와 웹사이트를 통해 제품을 판매하는 랜즈 엔드가 고객의 마음을 사로잡기 위해 가장 노력하는 건 무엇일까? 전화 상담원은 고객과 통화를 하면서도 미소를 지어야 하는 걸까? 만약 90일 내 환불을 보장하는 규정이 있는데, 구입한 지 91일째 되는 날 제품에 문제가 발생해 이의를 제기하는 고객이 있다면 어떻게 대응해야 할까?

훈련된 미소 VS
진심 어린 미소

깨진 유리창을 찾아내는 일이 항상 쉽지는 않다. 새 카펫도 사람들이 밟기 시작하는 순간 닳기 시작한다. 그렇다면 언제부터 깨진 유리창으로 볼 수 있을까? 판매원 15명이 뛰어난 고객서비스를 제공하고 있다. 그런데 한 직원이 복장에 관한 규정을 어기며 단정치 못한 모습으로 일하고 있다. 상사인 당신은 그가 가정 문제로 인해 일시적으로 업무 태도가 좋지 못하다는 사실을 잘 알고 있다. 그는 과연 조직의 깨진 유리창일까?

사무실이 아닌 집에서 전화나 인터넷 주문을 통해 제품이나 서비스를 판매하고 있다고 하자. 이 경우에도 깨진 유리창은 중요하다. 그러나 물리적 환경에 대해서는 어떠한가? 당신 집의 벽지가 뜯어지고 당신 셔츠에 얼룩이 묻어도 상관이 없지 않을까? 당신 자신의 깨진 유리창에 대해서는 신경을 덜 써도 되지 않을까?

절대 그렇지 않다. 오히려 이 경우 깨진 유리창에 대해 더욱 민감해져야 한다. 매장에서 일하는 경우에는 고객이 작은 깨진 유리창에 관심을 집중하지 못하도록 방해하는 감각적 요소들이 많다. 카펫이 약간 닳아 있어도 고객은 밝은 조명과 화려한 장식과 웅장한 음악 소리에 산만해질 수 있다. 12번 코너가 어질러져 있어도 8번 코너의 세일 광고 소리에 신경이 쏠릴 수도 있다.

그러나 전화, 우편, 인터넷으로 고객과 만나는 경우 고객의 관심을 분산시킬 수 있는 요소들이 없다. 그러므로 고객은 상담원의 서비스에 집중하게 되고 아무리 작은 깨진 유리창도 금세 발견하게 된다.

당신이 간접적으로 기업과 접촉했던 때를 떠올려 보라. 예를 들어 랜즈 엔드Lands' End에 전화했을 때 월마트의 의류 부분 고객 서비스센터에 전화했을 때보다 훨씬 더 만족스러운 경험을 했을 것이다. 그 이유는 무엇인가? 랜즈 엔드는 얼마 전까지 매장 판매를 하지 않았다(시어스의 자회사인 랜즈 엔드는 최근 시어스 백화점에서 오프라인 판매를 시작했다. 그러나 아직까지 독자적인 점포를 갖고 있지는 않다). 랜즈 엔드는 고객이 옷을 사기 전에 둘러보고 입어볼 수 있는 물리적인 공간을 갖고 있지 않다. 대신 카탈로그와 웹 사이트를 통해 제품을 소개한다. 그리고 고객은 상담원을 통해서만 랜즈 엔드와 접촉할 수 있다. 그래서 그들은 전화 상담원에게 친절하고 정중한 태도를 교육시킨다. 고객은 상담원들의 태도가 강압적이지 않고 자연스럽다고 느끼겠지만 사실 이는 철저한 교육의 결과이다.

'친절한 체'하는 것으로는 충분하지 않다. 직원과 직접 만나는 경우, 고객은 진심 어린 미소와 훈련받은 가장된 미소를 구분할 수 있다.

전화상으로는 미소를 볼 수 없다. 하지만 태도를 느낄 수는 있다. 요즘 많은 기업들이 저렴한 비용 때문에 고객서비스 부분을 외주업체에 돌리고 있다. 그렇다 보니 직원관리에 구멍이 생기고 말았다. 이는 분명 깨진 유리창이다.

고객의 마음을 여는
전화·인터넷 상담 비결

1. 고객을 상냥하고 친절하게 도울 수 있는 직원을 채용하라. 그들은 최전방에 서 있을 뿐만 아니라 제품과 서비스를 구매하는 사람들에게 당신의 회사를 대표하는 인물이다. 그들보다 중요한 사람은 없다.
2. 고객서비스 직원을 끊임없이 훈련하라. 모범을 보이라고 말

하거나 회사 규정을 액자에 넣어 게시한다고 모든 것이 해결되지는 않는다. 직원들에게 직접 설명하라. 회사의 우선순위를 설명하라. 왜 고객서비스 상담원이 더 멀리 더 높이 행동해야 하는지 이해시켜라.

3. 직원들을 정보로 무장시켜라. 그들이 각자 필요한 정보를 빠르고 쉽게 구할 수 있도록 하라. 고객의 질문에 대해 상사에게 자문을 구하지 않아도 되도록 훈련시켜라. 새로운 회사 규정과 제품에 대해 즉시 알려주어라. 그들이 질문할 때마다 정확한 답을 해주어라.

4. 창의적인 해결책을 허용하라. 상담원이 융통성 있게 고객을 도와줄 수 있도록 허용하라. 상담원이 각 문제에 적합한 해결책을 찾아내 고객을 기쁘게 하도록 하라. 그리고 그들이 제대로 해냈을 경우 보상해 주어라. 그들에게 어떤 경우에도 규정을 지키라고 강요한다면 고객은 당신의 회사가 융통성 없고 비합리적이라고 생각하게 될 것이다.

5. 고객을 기다리게 하지 마라. 전화를 통해 제품이나 서비스를 판매하는 경우 상담원과 연결되기까지 상당한 시간이 소요된다. 이는 치명적인 문제이다. 고객 스스로 음성녹음 안내를 듣고 문제를 해결할 수 있다면 그나마 다행이다. 그러나 상담원과 이야기하고 싶어한다면 2~3분 내에 가능해야 한

다. 상담원 수가 부족하다면 당신의 비즈니스가 성장하고 있다는 증거이다. 즉시 충원하라.

6. 인터넷 비즈니스의 경우 링크에 문제가 없도록 하라. 마지막 구매 과정에서 문제가 발생했을 경우 고객은 처음부터 다시 하지 않으려 한다. 이보다 고객을 화나게 하는 것은 없다. 고객을 도울 수 있는 인터넷 담당 직원을 채용하라.

7. 전화나 우편으로 주문을 받을 경우 절차를 간단하고 쉽게 하라. 복잡한 양식으로 고객의 머리를 어지럽히지 마라. 고객에게 인내심을 발휘하도록 요구해서는 안 된다. 고객은 당신 회사의 제품을 사려는 매우 고마운 사람이라는 사실을 기억하라. 복잡한 양식은 깨진 유리창이다. 그 때문에 고객을 잃을 수도 있다.

8. 직원 몰래 고객 행세를 해보라. 직접 고객이 되어 고객상담실에 전화하고, 홈페이지에 접속하고, 회사로 편지를 보내라. 문제가 무엇인지, 문제가 해결되는 데 걸리는 시간은 얼마인지, 어떤 좌절감을 느끼게 되는지 직접 체험해 보라. 그리고 깨진 유리창을 수리하라. 한편 경쟁사보다 뛰어난 점이 있다면 아낌없이 칭찬하라.

9. 비즈니스에서 가장 중요한 것은 고객서비스라는 사실을 직원들에게 이해시켜라. 직원이 하는 일을 직접 해보라. 매주,

매달 정기적으로 해보라. 고객과 직접 접촉하고, 혁신적인 해결책을 만들어보라. 새로운 장난감이 작동하지 않는다고 소리지르는 고객 앞에서 침착함을 잃지 않는 것이 얼마나 힘든 일인지 직접 경험해 보면서 고객을 도울 수 있는 방법을 찾아내라. 그리고 직원들에게도 알려주어라.

깨진 유리창의 원인을 살피는 일은 매우 중요하다. 대부분의 경우, 특히 고객과 직접 만나지 않는 비즈니스의 경우, 비합리적인 고객서비스 규정이나 자질이 부족한 직원이 그 원인인 때가 많다. 그렇다면 고객서비스 규정과 직원 채용 방식에 대해 다시 검토해야만 한다.

예를 들어 90일 내 환불을 보장하는 규정이 있는데 구입한 지 91일째 되는 날 제품에 문제가 발생해 이의를 제기하는 고객이 있는 경우, 당신은 고객서비스 규정을 다시 검토해야 한다. 서비스 보증 기간에 연연하지 마라. 기업은 제품의 수명이 다할 때까지 책임감을 가져야 한다. 이는 고객의 수명이 다할 때까지 제품을 책임지라는 뜻이 아니다(물론 망치 같은 제품은 대를 이어 사용되기도 한다). 예외 없이 엄격하게 규칙을 적용할 경우 고객은 좌절하게 되고 당신의 회사에 대해 부정적인 인상을 갖게 된다. 과연 부품을 교환하거나 수리해 주는 비용을 절약해 충성스러운 고객을 잃은 손실을 만회할 수 있을까?

기업은 융통성을 가져야 한다. 만약 서비스 보증 기간 다음 날 망가진 제품을 새 제품으로 교환해 줄 수 없다면, 고객이 재구입을 할 경우 대폭 할인을 해주거나 적어도 배송을 무료로 해줄 수는 있을 것이다. 또한 고객서비스 상담원에게 적정 선에서 문제를 해결할 수 있는 권한을 주어야 한다. 그것이 직원과 고객과 기업 모두 윈윈하는 길이다.

고객서비스 상담원이 자질이 부족한 경우는 고객과 직접 접촉하지 않는 부서로 보내거나 당장 해고해야 한다. 그러나 근본적인 문제는 채용 방식에 있을 수 있다. 고객에게 서비스를 제공할 자세가 되어 있지 않은 사람을 채용했다면 이는 경영자의 실수이다. 이력서만 보지 말고 사람됨을 보라. 고객을 도우려는 자세가 되어 있는지 살펴보라. 최종 학력이 고등학교인지 명문 대학인지는 중요하지 않다. 고객을 도우려는 자세가 되어 있지 않으면 명문 대학을 졸업해도 임무를 제대로 수행할 수 없다.

문제의 뿌리를 찾아내고 싹을 잘라내야 한다. 비즈니스의 잡초를 제거하라.

이제, 깨진 유리창 법칙을
실천할 때

당신과 당신의 비즈니스를 새롭게 움직이는 힘

뉴욕 맨해튼에 문을 연 식당의 70%가 2년 만에 도산한다. 그 이유는 무엇일까? 주인이 참신한 아이디어를 갖고 있지 못해서일까? 음식이 맛이 없어서일까? 뉴욕 시민들은 배가 고프지 않기 때문일까? 대부분의 식당 주인들은 자신의 잘못이 무엇인지도 모른 채 문을 닫는다. 답은 아주 작고 사소한, 깨진 유리창에 있다. 늘 그렇듯이.

맨해튼 식당의 70%가
망하는 이유

　1982년 켈링과 윌슨이 깨진 유리창 이론을 소개했을 때 그들은 법조계에서 큰 논란이 일 것이라고 예상했었다. 나 역시 이 책이 비즈니스계에서 활발한 논의를 불러일으키기를 바란다. 깨진 유리창 이론은 '기존의 평범한 비즈니스 이론'과는 다르다. 기존의 이론을 뒤흔들어 놓는 새로운 사고방식이다. 경영자와 일반 직원들 모두 이 이론을 직장생활과 일상생활에 활용해야 한다.

　현재 비즈니스 세계는 큰 문제를 갖고 있다. 작은 실수와 무관심에 대해서는 아무런 조치가 이루어지지 않고 있는 것이다. 경영자들은 눈에 보이는 수익성과 효율성만 따지며 사업이 잘 되기를 빈다. 하지만 경영자와 직원 모두 자신의 일에 강박적으로 최선을 다하지 못하고 있는 게 현실이다. 그러므로 성공 가능성이 희박하다. 사실 대부분의 경우 결국 문을 닫고 만다.

뉴욕 맨해튼에 문을 연 식당의 70%가 2년 만에 도산한다. 그 이유는 무엇일까? 주인이 참신한 아이디어를 갖고 있지 못해서일까? 음식이 맛이 없어서일까? 뉴욕 시민들은 배가 고프지 않기 때문일까? 이유는 간단하다. 작고 사소한 것(깨진 유리창)에 관심을 기울이지 않고 수리하지 않았기 때문이다. 많은 식당 주인들이 자신의 잘못이 무엇인지도 모른 채 문을 닫고 만다.

많은 경영자들이 작은 것이 더 중요하다는 사실을 믿지 못한다. 좋은 방향으로든 나쁜 방향으로든 큰 변화는 작은 것에서 시작된다. 나는 여러 기업을 예로 들어 설명했다(물론 자신의 이름이 거론된 것을 불쾌하게 여기는 기업도 있었을 것이다). 당신은 전에 그 기업에 대해 이야기를 들어본 적이 있을지도 모르겠다. 하지만 이 책에서 설명하는 관점으로 그 기업을 바라보지는 않았을 것이다. 이제 당신은 작은 것이 큰 변화를 일으킨다는 사실을 이해했을 것이다.

깨진 유리창을 간과해 위기를 맞은 기업들이 적지 않다. 그들은 깨진 유리창을 예방하고 수리하지 않았고, 정해진 의무보다 더 멀리 더 높이 나아가려 하지 않았으며, 고객의 기대를 초과하려 노력하지 않았다.

이들의 이야기가 당신과 무슨 상관이 있을까? 당신이 대형 패스트푸드 체인점의 점장이나 유명 브랜드의 옷 가게 주인이나 세계적인 영화배우가 아닌 이상 작은 것에 관심을 두지 않아 붕괴하고 만 기업들의 이야기가 무슨 소용이 있단 말인가? 커피가 너무 뜨겁고, 카펫이 너무 낡았고, 직원들이 활짝 웃지 않는 것이 당신과 무슨 상관이란 말인가?

만약 당신이 작은 세탁소나 다른 기업에 정보기술 서비스를 제공하는 회사를 소유하고 있다면, 햄버거 가게 직원이 고객이 알아들을 수 있도록 영어를 제대로 구사하든지 말든지 무슨 상관이 있단 말인가? 그러나 분명 상관이 있다. 이 책에서 제시한 예들이 당신의 상황과 직접적인 관계가 없을 수도 있다. 당신 회사에는 계산대 직원이나 판매사원이 한 명도 없을 수 있다. 그래도 당신은 이 책에서 유용한 교훈을 얻을 수 있을 것이다. 깨진 유리창 이론을 진심으로 받아들이고 당신의 비즈니스에 적용하라.

K마트의 예에서는 고객보다 기업이 더 크고 강력해지는 '오만'이라는 깨진 유리창에 대해 배울 수 있다. 작은 가게의 경우에도 단골 손님이 많아지면 오만이 생기기 쉽다. 고객보다 기업을 우선한다면 치명적인 깨진 유리창을 가진 것이다. 이 책에 나온 예들을 상기해 보라. 그리고 자신의 상황에 맞게 적용해 보라.

여기 마지막 장에서는 지금까지 설명한 내용을 정리해 당신의 비즈니스에 실제로 적용할 수 있도록 도울 것이다. 당신은 당신의 회사, 비즈니스 분야, 고객관계에 대해 나보다 훨씬 더 많이 알고 있다. 그러나 나는 비즈니스의 깨진 유리창 법칙을 통해 당신의 성공에 도움을 줄 수 있다. 이 책에는 모든 비즈니스 분야에 적용할 수 있는 보편적인 진리가 담겨 있기 때문이다.

1. 경영자는 깨진 유리창에 대해 강박관념과 강박행동을 가져야 한다. 무엇이든 더 나아질 수 있는데도 그냥 내버려두는 것은 잘못이다. 변명의 여지없이 완벽하게 관리해야 한다.

2. 가장 치명적인 깨진 유리창은 사람이다. 회사의 이익을 생각하지 않으며 잘못된 업무 태도를 보이는 직원이 한 명만 있어도 모든 직원들에게 영향을 미친다. 직원의 잘못을 그대로 두어 다른 직원 모두가 바이러스에 감염되기 전에 신속한 조치를 취해야 한다. 예를 들어 지각을 한 경우 상사가 아무런 반응이 없을 때, 직원은 혼란스러워하고 당황하게 된다. 그리고 스스로 깨진 유리창이 된다.

3. 물리적 환경은 매우 중요하다. 물리적 환경은 기업 이미지에 막대한 영향을 미친다. 고객은 벽, 카펫, (깨지고 더러운) 유리창, 직원의 용모를 목격하게 될 것이다. 한편 직접 기업을 방문하지 않고 자동차 광고나 출장 직원을 통해 기업 이미지를 얻게 될 경우 외관이나 외모는 더 중요해진다. 통일감 있는 이미지를 만들기 위해 직원들이 유니폼을 입을 수도 있

다. 자유로운 복장을 할 수도 있다. 그러나 어떠한 경우라도 깨끗하고 단정해야 한다. 또한 자동차를 비롯한 회사 재산을 깨끗이 유지하고 관리해야 한다. 그렇지 않을 경우 금세 고객의 눈밖에 날 것이다.

4. 고객은 당신의 회사에 나름대로 기대를 한다는 사실을 명심하라. 당신은 세 가지 선택을 할 수 있다. 첫째, 고객의 기대를 충족시킨다. 둘째, 고객의 기대를 초과한다. 셋째, 고객의 기대에 못 미친다. 어떤 선택이 최선일까? 어떤 선택을 용납할 수 없을까? 한편 고객의 기대를 초과하고 긍정적인 인상을 남기기 위해서는 당신이 제공할 서비스보다 '조금 못하게' 고객과 약속하는 편이 전략적으로 유리할 수 있다.

5. 고객은 당신의 회사에서 얻은 경험을 바탕으로 단골이 되기도 하고 다시는 돌아오지 않기도 한다. 고객의 경험은 중요하다. 고객의 경험 중 일부는 제품의 질과 가격에 의해 좌우된다. 그러나 대부분의 경우 깨진 유리창에 의해 차이가 생기게 된다. 고객에게 행복과 혜택을 주도록 하라. 그러면 그들은 당신의 평생 고객이 되어줄 것이다.

6. 당신의 회사에서 고객이 어떤 경험을 하고 있는지 알려면 고객이 되어 봐야 한다. 이는 매우 중요하다. 당신이 고객이 되어 직접 매장을 찾아가거나, 전화를 걸거나, 불편사항을 신

고해 보라. 직원들이 어떻게 대처하는지 직접 확인하라. 고객이 원하는 바는 고객의 입장이 될 때 가장 잘 알 수 있다. 그것만으로도 깨진 유리창은 반 이상 수리된다. 만약 직원들이 당신을 알아볼 것 같다면 믿을 수 있는 암행어사 고객을 보내라. 그동안 불편신고를 가장 많이 한 고객을 찾아내 당신의 회사를 평가해 달라고 부탁하라.

7. 사이버 세계에서는 모든 사람이 당신의 깨진 유리창을 볼 수 있다. 인터넷상에서는 당신의 깨진 유리창이 더 빨리 더 멀리 알려진다. 그러나 다행히도 인터넷상의 깨진 유리창은 대부분 수리가 가능하다. 당신의 회사 홈페이지를 계속해서 확인하라.

우리 사전에 더 이상
깨진 유리창은 없다

당신의 비즈니스에 깨진 유리창 법칙을 적용할 수 있는 수백만 가지의 방법이 있으므로 여기서 모두 나열할 수는 없다. 다만 이 책을 읽은 당신이 반드시 기억해야 할 사실은 아주 작은 부분에도 관심을 기울이고 최선을 다해야 한다는 것이다. 깨진 유리창은 비즈니스의 어느 부분에서나 생길 수 있다. 그러나 깨진 유리창에 관심을 집중하면 이를 영원히 없애버릴 수도 있다.

당신은 이 책을 읽으며 당신 회사의 깨진 유리창을 찾아내고픈 욕망을 느꼈을 것이다. 그렇다면 당장 실천하라. 당신의 회사가 무너지기 전에 강박적이고 적극적으로 깨진 유리창을 찾아 최대한 빨리 수리하라. 이는 끝이 없는 작업이며 쉼 없는 노력이 필요한 일이다. 완벽함과 탁월함을 향해 끝없이 노력해야 한다.

나는 앞에서 인생의 모든 관계가 판매자와 구매자로 이루어져 있다고 말했다. 비즈니스의 경우에는 판매자와 구매자가 더욱 분명하다. 당신이 판매자라면 구매자가 원하는 것, 기대하는 것, 기뻐하는 것이 무엇인지 항상 생각해야 한다. 질 좋은 제품과 함께 인상적이고 기분 좋은 서비스를 제공해야 한다. 말끔하고 완벽한 유리창을 갖는 것은 쉽지 않은 일이다. 대단한 노력이 요구된다. 깨진 유리창을 즉시 수리하고 잠재적인 깨진 유리창을 끊임없이 찾아내야 한다. 깨진 유리창이 나타나기도 전에 사라지도록 만들어야 한다.

저자의 글에서 나는 '더러운 화장실이 깨진 유리창인가?'라고 물었다. 나는 당신이 그 답을 얻었기를 바란다. 당신은 자신이 속한 비즈니스의 현재와 미래에 대해 수만 가지 질문을 던지게 될 것이다. 당신의 비즈니스를 향상시키기 위해 무엇을 할 수 있을지

고민할 것이다. 당신은 깨진 유리창 이론을 이해하게 되었으므로 결코 이전 상태로 돌아갈 수는 없다. 이는 저주이자 축복일 것이다. 당신은 깨진 유리창을 찾을 수 있는 힘을 얻었고 그것을 고치려는 결의를 갖게 되었다.

이제 당신은 깨진 유리창 법칙을 적용하기 시작할 것이다. 당신의 비즈니스는 상대적으로 짧은 시간에 보다 효율적이고 긍정적인 모습으로 변모할 것이다. 그러나 깨진 유리창을 수리하는 일은 쉽지 않다. 혼신의 노력이 요구된다.

당신은 잠자리에 들 때도 아침에 일어날 때도 깨진 유리창에 대해 생각할 것이다. 샤워를 하거나 저녁을 먹으면서도 깨진 유리창을 걱정할 것이다. 그 결과 다른 사람들이 놓치는 것들을 볼 수 있을 것이다. 당신이 발견한 것을 다른 사람에게 말하면 아마도 그들은 부인하거나 중요하지 않다고 반박할 것이다. 그들은 당신이 지나치게 예민하다고 비난할지도 모른다. 하지만 당신과 나는 아주 작은 것에 아무리 관심을 쏟아도 충분하지 않다는 사실을 잘 알고 있다.

이 책에 있는 '깨진 유리창 예방 서약'을 잘 읽어보고 서명하라. 이 서약대로 생활한다면, 나아가 이 서약의 내용을 습관으로 만든다면, 당신의 인생과 비즈니스는 이전보다 효율적으로 부드럽게 굴러갈 것이다. 당신의 새로운 지식과 능력을 맘껏 발휘해 긍정적

깨진 유리창 법칙

인 결과를 얻어내길 바란다. 어찌됐건 나는 이 한 가지를 당신에게 확실히 약속할 수 있다. 앞으로 당신은 깨진 유리창과 아직 깨지지 않은 유리창을 보다 자세히 살피게 될 것이다. 그리고 당신의 회사는 위기에 강한 기업으로 새롭게 탄생하게 될 것이다.

깨진 유리창 예방 서약

'깨진 유리창 예방 서약'과 '나의 깨진 유리창 점검하기'는 이 책을 다 읽은 후 작성해보시기 바랍니다. 아직 '깨진 유리창'이 생소할 수도 있습니다. '깨진 유리창 예방 서약'의 경우 필요하다면 잘 보이는 곳에 두고 시간이 날 때마다 상기해보는 것도 도움이 될 것입니다.

나, _____는(은) 이 책을 읽고 직원 입장에서 혹은 경영자 입장에서 다음과 같이 행동할 것을 서약한다.

1. 나는 회사의 아주 작은 부분까지 주의를 기울일 것이다. 특히 남들이 사소하게 여기는 것들에 더욱 관심을 가질 것이다.

2. 나는 깨진 유리창을 발견하자마자 즉시 수리할 것이다.

3. 나는 고객들을 대할 때 그들이 우리 회사의 유일한 고객인 것처럼 떠받들 것이다.

4. 나는 '오만'이라는 깨진 유리창에 대한 경계를 늦추지 않으며, 나의 회사는 결코 실패하지 않는다고 자만하지 않을 것이다.

5. 나는 고객의 기대 이상을 충족시키도록 노력할 것이다.

6. 나는 고객들에게 좋은 첫인상을 주고, 첫인상을 유지하도록 노력할 것이다.

7. 나는 고객들이 항상 예의 바르고, 능률적이며, 미소짓는 직원과 만날 수 있도록 할 것이다.

8. 나는 암행어사 고객을 두어 내가 보지 못한 깨진 유리창을 찾아내도록 할 것이다.

9. 나는 깨진 유리창을 가능한 빨리 찾아 수리하도록 직원들을 감독하고 훈련할 것이다. 또 그럴 자세가 되어 있는 직원만 채용할 것이다.

10. 나는 인터넷 및 전화 상담원들이 스스로 고객의 문제를 해결할 수 있도록 교육할 것이다.

11. 나는 1~10과 같이 비즈니스에 관해 강박적으로 생각하고 행동할 것이다.

날짜 _____

서명 _____

나의 깨진 유리창 점검하기

깨진 유리창이란 기업과 고객관계에서만 존재하는 것이 아니다. 모든 인간관계에 적용할 수 있다. 원만하고 성공적인 삶을 원한다면 동료나 상사 혹은 거래처와 일하면서 깨진 유리창 때문에 손해를 보거나 피해를 준 적이 없는지, 개인의 일상에서 깨진 유리창으로 인해 후회한 적은 없는지 점검해볼 필요가 있다. 다음의 질문을 통해 자신이 깨진 유리창을 어떻게 경영하고 있는지 알아보자.

1. 조직 생활을 하면서 업무상 심각한 깨진 유리창은 무엇이라고 생각하는가? (예: 회의 시간을 지키지 않는 것, 같은 실수를 반복하는 것, 자기 주장이 무조건 옳다고 하는 것 등 조직의 분위기와 질서를 무너뜨리는 행동들)

1) _____

2) _____

3) _____

2. 업무상 당신이 극복해야 할 깨진 유리창에는 어떤 것들이 있는가?

1) _____

2) _____

3) _____

3. 개인 생활에서 당신이 반복하는 깨진 유리창은 무엇이라고 생각하는가?

(예: 정리습관이 부족해 일단 침대 밑에 쑤셔넣고 본다, 폭음으로 필름이 끊긴 적이
여러 번이다 등 개인의 규칙적인 생활을 방해하거나 남에게 피해를 주는 행동들)

1) _____

2) _____

3) _____

**4. 연인 관계, 부부 관계, 가족 관계 등 친근한 인간관계에서 저지르기 쉬운
깨진 유리창에는 어떤 것들이 있는가?**

1) _____

2) _____

3) _____

누구나 깨진 유리창을 갖고 있다. 실망할 필요가 없다. 깨진 유리창의 수리와
예방은 인생에 있어 반드시 통과해야 할 과정이며, 가능한 빨리 개선한다면 지
금보다 더 풍요로운 내일이 당신을 기다리고 있다는 사실을 기억하자.

왜 '깨진 유리창'에 주목해야 하는가?

어느 날, 역자가 운영하는 회사로 전화 한 통이 걸려왔다. 회사 웹사이트, 이마스emars.co.kr 일부에 문제가 있다는 고객의 전화였다. 전화를 받은 직원은 대수롭지 않은 문제라고 생각했다. 어쩌다 예민한 고객의 눈에 띄었을 뿐 크게 이상이 있거나 잘못된 점은 없다고 판단했다. 그 문제를 해결하려면 약간 번거롭기도 해서 그는 별다른 조치를 취하지 않았다. 그리고 3개월 후, 또 한 통의 전화가 걸려왔다. 이번에도 웹사이트 문제였고, 지난번 고객과 똑같은 지적을 하는 다른 고객의 전화였다. 직원은 더 이상 방치하면 안되겠다는 생각이 들어 즉각 문제가 된 부분을 수정했다.

어차피 해야 할 일이라면 처음 전화를 받았을 때 처리했으면 좋았을 걸 하는 후회가 들었지만 문제를 발견하고 해결할 수 있었으니 다행이었다. 문제를 지적해 준 고객에게도 감사한 마음이

들었다. 그러나 직접 전화를 걸지 않았을 뿐 문제를 인식하고 있었을 수많은 고객을 생각하니 마음이 편치 않았다. 불평하는 한 사람의 고객 뒤에는 수백 명의 불평하는 고객들이 숨어 있다는 사실을 일깨워주는 순간이었다.

출판사의 번역 요청으로 이 책의 원서를 처음 접했을 때 《Broken windows, Broken business(깨진 유리창, 깨진 비즈니스)》라는 독특한 제목에 끌렸던 기억이 난다. 번역을 할 것인지 여부는 읽어본 후 결정하기로 하고 우선 책을 읽어보았는데, 한 장 한 장 페이지가 넘어갈수록 저절로 고개가 끄떡여졌다. 내가 운영하는 회사에서 실제로 발생했던 문제들과 연결 지으며 읽으니 더욱 설득력이 있었다. 많은 이들에게 도움을 줄 수 있는 책이라는 생각이 들었다.

《깨진 유리창 법칙》은 범죄학에 도입해 큰 성과를 거둔 '깨진 유리창 이론'을 비즈니스 세계에 접목한 것으로, 저자의 신선하면서도 예리한 시각이 돋보이는 책이다. 저자는 자신의 개인적인 경험뿐만 아니라 홍보 마케팅 전문가로서 현장을 누비며 발견한 비즈니스 세계의 '깨진 유리창'들을 구체적인 사례를 들어 쉽고 재미있게 설명하고 있다.

그렇다면 깨진 유리창 법칙이란 무엇인가? 간단히 말하면 고객이 겪은 단 한 번의 불쾌한 경험, 한 명의 불친절한 직원, 매장 벽의 벗겨진 페인트칠 등 기업의 사소한 실수가 결국은 기업을 쓰러뜨린다는 이론이다.

'하나를 보면 열을 안다'라는 속담이 있다. 보다 학문적으로 말하자면 환원주의Reductionism, 즉 각각의 작은 부분에는 전체가 축약되어 있다는 논리이다. 얼핏 보기에는 하찮은 것, 작고 사소한 것, 잘 드러나지 않는 것처럼 보이지만 고객들은 이를 인식하며 그 인식으로 인해 기업에 대해 어떤 이미지를 갖게 된다.

어떤 식당의 화장실이 더럽다면, 고객은 그 식당의 주방에 들어가 보지 않고도 주방의 위생 상태에 문제가 있으리라고 확대해석한다. 이 고객의 방문 횟수는 줄어들게 되고, 주변에도 이런 사실을 알려 결국 식당을 찾는 고객들은 차츰 줄어들게 될 것이다. 제품 문의나 애프터서비스 건으로 어느 회사에 전화를 거는 경우도 생각해 보자. "지금은 통화량이 많으니 다시 걸어주십시오"라는 메시지를 반복해서 듣게 되거나, 어렵게 연결이 되었다 해도 상담원이 문제를 해결해 주기는커녕 회사의 원칙만 앵무새처럼 반복한다면, 그 회사에 대해 나쁜 이미지를 갖게 될 수밖에 없다. 이러한 기업 이미지나 브랜드 이미지는 결국 기업의 수익에 막대한 영향을 미치게 된다.

깨진 유리창, 즉 사소한 실수를 고치지 않는다면 치명적인 결과가 초래될 수 있다는 이 법칙을 저자는 브랜드 관리, 마케팅, 고객서비스, 광고와 홍보, 조직 관리 등 기업의 전반적인 경영 전략에 어떻게 적용할 수 있는지 풍부한 사례를 통해 제시한다. 또한 단순히 차별화된 기업이 아니라 변함없는 고객 로열티를 누리며 장수할 수 있는 기업이 되기 위한 새로운 대안을 제시하고 있다.

오늘날 많은 기업들이 '위기' 운운하며 분주히 변화를 꾀하고 있다. 그러나 큰 경영 전략이나 기업 비전에는 많은 노력과 시간을 투자하면서도 정작 기업을 갉아먹고 있는 사소하나 치명적인 것들에는 눈을 돌리지 못하고 있는 실정이다. 기업의 미래는 전략이나 철학의 부재가 아니라 작고 사소한 문제(깨진 유리창)에 달려 있다는 발상의 전환을 해야 할 때이다.

고객의 눈에는 잘 띄지만 정작 기업의 눈에는 보이지 않는 사소한 것들, 간과하기 쉽기에 더 치명적인 작은 것들에 주의를 기울여야 할 때이다.

1982년 시카고에서 일어났던 일이다. 어떤 사람이 존슨 앤 존슨의 진통제 타이레놀에 청산가리를 넣어 7명이 연쇄적으로 사망한 사건이 있었다. 존슨 앤 존슨은 재빨리 제품을 회수하고 문제가 된 캡슐을 안전한 정제로 교환해 주는 등 초기에 신속히 대응해 오히려 고객들로부터 큰 신뢰를 얻었다.

반면 1991년, 페리에Perrier는 벤젠이 함유된 생수에 대해 초기 대응을 제대로 못해 큰 낭패를 보았다. 그때까지 페리에는 지하에서 천연의 발포성 생수를 채취한다고 광고해 왔다. 하지만 벤젠 생수를 해명하는 과정에서, 실제로는 생수에 발포 성분을 첨가하는 가공 과정을 거쳤다는 사실이 만천하에 드러나고 말았다. 미국 수입 생수 시장에서 1위를 점유하고 있던 페리에는 에비앙에게 그 자리를 빼앗겼고, 결국은 네슬레에 합병되는 운명을 맞았다. 이처럼 깨진 유리창을 잘 수리하는 기업은 성공하지만 그렇지 못한 기업은 치명적인 손실을 입는다.

오늘날 무한 경쟁에 놓여 있는 기업이 생존하려면 작은 것에 더욱 신경을 써야 한다. 인터넷 시대, 고객의 불만은 이전보다 더 빨리 더 멀리 퍼지고, 한 번 손상된 기업 이미지는 복구하기가 매우 힘들다. 다행히 복구한다 하더라도 1~2년 안에는 불가능한 일이다. 긍정적인 기업 이미지를 구축하는 데 걸린 시간과 노력의 몇 배에 달하는 비용과 노력이 들어가는 일이다.

비즈니스 세계에 있는 당신, 이제 새로운 계산법을 익혀야 한다. 100-1=99가 아니라 0이다. 사소한 실수 하나가 전체를 무너뜨리기 때문이다. 그러나 깨진 유리창을 예방하고 수리할 수 있다면 100+1=200도 가능해진다.

역자를 대표하여

김민주(리드앤리더 대표)

깨진 유리창 법칙

초판 1쇄 발행 2006년 4월 10일
개정 1쇄 발행 2019년 1월 25일
개정 4쇄 발행 2023년 4월 20일

지은이 마이클 레빈
옮긴이 김민주 이영숙
펴낸이 유정연

이사 김귀분
기획편집 신성식 조현주 유리슬아 서옥수 황서연 **디자인** 안수진 기경란
마케팅 이승헌 반지영 박중혁 하유정 **제작** 임정호 **경영지원** 박소영

펴낸곳 흐름출판(주) **출판등록** 제313-2003-199호(2003년 5월 28일)
주소 서울시 마포구 월드컵북로5길 48-9(서교동)
전화 (02)325-4944 **팩스** (02)325-4945 **이메일** book@hbooks.co.kr
홈페이지 http://www.hbooks.co.kr **블로그** blog.naver.com/nextwave7
출력·인쇄·제본 (주)상지사 **용지** 월드페이퍼(주) **후가공** (주)이지앤비(특허 제10-1081185호)

ISBN 978-89-6596-296-0 03320